W0173645

Wie spricht und schreibt man schönes, lebendiges, ja kerniges Deutsch? Und was lässt man besser bleiben, wenn man Leser gewinnen und Zuhörer überzeugen möchte? Mit unermüdlichem Elan bringt uns Wolf Schneider die Schönheit der deutschen Sprache nahe und warnt uns zugleich vor nachlässigem Umgang mit ihr – und immer werden wir dabei aufs angenehmste belehrt und unterhalten.

In 66 kunstvoll komponierten Kabinettstückchen, die zuerst für die «Neue Zürcher Zeitung» geschrieben wurden, spießt Wolf Schneider in diesem Buch auf, was er im öffentlichen Sprachgebrauch von Werbetextern, Journalisten oder Politikern an Marotten, Wortverdrehungen und sinnlosen Anglizismen fand – und an Gemeinheiten gegen die Grammatik. Amüsante kleine Deutschlektionen für alle, die nach seinem Bestseller «Speak German!» Lust auf noch mehr liebevolle Verteidigung der deutschen Sprache haben.

«Schneider glaubt man seine Liebe zur deutschen Sprache auch deshalb so gerne, weil er sie mit fast jedem Satz beweist.» «Frankfurter Allgemeine Sonntagszeitung»

Wolf Schneider, geboren 1925, ist Honorarprofessor der Universität Salzburg, Ausbilder an fünf Journalistenschulen, Mitbegründer der Aktion «Lebendiges Deutsch» und Träger des «Medienpreises für Sprachkultur» der Gesellschaft für deutsche Sprache. Zudem ist er Kolumnist der «Neuen Zürcher Zeitung» und Autor von 29 Sachbüchern. Er war Korrespondent der «Süddeutschen Zeitung» in Washington, Verlagsleiter des «Stern», Chefredakteur der «Welt», Moderator der «NDR-Talk-Show» und 16 Jahre lang Leiter der Hamburger Journalistenschule. Schneider lebt in Starnberg.

Wolf Schneider

GEWÖNNE DOCH DER KONJUNKTIV!

Sprachwitz in 66 Lektionen

Rowohlt Taschenbuch Verlag

2. Auflage Februar 2010
Veröffentlicht im Rowohlt Taschenbuch Verlag,
Reinbek bei Hamburg, Dezember 2009
Copyright © 2009 by Rowohlt Verlag GmbH,
Reinbek bei Hamburg
Die Texte wurden entnommen aus den Bänden
«Den Briefträger biss der Hund», «Dem Kaiser sein Bart»
und «Der vierstöckige Hausbesitzer», erschienen im
Buchverlag *FOLIO* der Neuen Zürcher Zeitung,
Copyright © Verlag Neue Zürcher Zeitung, Zürich
Umschlaggestaltung ZERO Werbeagentur, München
Satz aus der Plantin PostScript, InDesign, bei
Pinkuin Satz und Datentechnik, Berlin
Druck und Bindung Druckerei C.H.Beck, Nördlingen
Printed in Germany
ISBN 978 3 499 62463 6

Inhalt

Warum ausgerechnet «Konjunktiv»?

Weil er so schön und zugleich so schwierig ist. Vor allem aber, weil die Sprache einst mit ihm ihren ersten Höhenflug angetreten hat: Die Wörter sind für uns nicht nur dazu da, zu beschreiben, was ist – wir träumen auch mit ihnen, wir schwingen uns ins Unmögliche empor: «Ach, hätte ich doch …!»

Wie viel Farbe, wie viel Leben steckt schon im korrekten Deutsch, wenn wir Feinheiten nutzen wie diese! Und natürlich sind wir eingeladen, weit mehr als das nur Richtige zu tun: geschmeidig mit der Sprache umzugehen, sie mit Saft zu füllen, sie aufzuladen mit Witz und Hintersinn.

Bedroht ist sie gerade genug: durch Alltagsgeschwätz und elektronisches Gelaber, durch Fernsehroutine und akademische Protzerei; durch den Imponierjargon von Managern und Anlageberatern; durch die Verknöcherungen und Versteinerungen, die aus den Türen der Behörden poltern.

Dies alles anzuleuchten mit Ärger, Spott und Liebe und ein paar Empfehlungen zu geben, wie man schönes, kerniges Deutsch produziert – das habe ich versucht; durchaus mit Luther und Goethe im Bunde, denn so griffig wie eine durchschnittliche deutsche Tageszeitung haben sie allemal geschrieben.

Wer noch ein Herz für die Sprache – wer vielleicht sogar etwas zu sagen hat und es unverschnörkelt und sympathisch sagen möchte: Der möge sich hier erfrischt und hoffentlich ein bisschen bereichert fühlen.

Wolf Schneider

1

Gewönne er doch!

Was wäre, wenn …?» Irgendwann muss diese Frage zum ersten Mal erklungen sein, und mit ihr hatte die Sprache einen Durchbruch von unerhörter Kühnheit vollzogen: Wer so fragte, der wollte nicht mehr beschreiben, was ist, sondern dreist darüber spekulieren, was sein könnte oder sollte. Die Welt wollte er in Frage stellen, die Utopie gegen sie ausspielen, sie mit Zweifeln zersetzen oder mit Forderungen überziehen. Eine verwegenere Tat haben wir mit sprachlichen Mitteln nie vollbracht.

Umso bedauerlicher, dass der Konjunktiv es im deutschen Sprachraum so schwer hat: Seine beiden Formen auseinanderzuhalten und jede korrekt zu verwenden war heimisch immer nur in einer sprachbewussten Minderheit und hat in den letzten Jahrzehnten weiter an Geltung verloren.

Ja, auch jüngere Leute können Sätze wie diesen noch verstehen: «Was hülfe es dem Menschen, wenn er die ganze Welt gewönne und nähme doch Schaden an seiner Seele?» (Matthäus 16, 26) Aber sie mögen es nicht mehr, und wenn ein lebender Mensch mit «hülfe» und «gewönne» vor sie hinträte, würden sie ihn auslachen. Schriftsteller und Journalisten, Pfarrer und Werbetexter – wer immer sein Publikum gewinnen will, muss wohl in Rechnung stellen, dass die schönen alten Formen (oh, glömme doch ein Feuer!) auf die meisten Adressaten archaisch wirken, wenn nicht maniert.

Lebendig ist dieser Konjunktiv der Unwirklichkeit, der Irrealis, nur noch bei den Hilfszeitwörtern (er hätte, ich wäre) und in einigen wenigen anderen populären Formen: Ich möchte, das ginge schon, ich bräuchte dringend Geld. Doch mit dem *bräuchte* sind wir schon bei einer neuen Not.

Grammatisch wird ja der Irrealis im Regelfall von den Formen der einfachen Vergangenheit abgeleitet: Ich sprach – ich spräche; er trug – er trüge. Das funktioniert indessen nur bei den starken Verben. Die schwachen lassen keine eigenständige Form des Irrealis zu: «Sagtest du mir nur einmal ein freundliches Wort!» ist den Umständen nach ein Konjunktiv, der sich in der Form jedoch nicht von der einfachen Vergangenheit unterscheidet.

Daraus ist offenbar der Drang entstanden, bei den letzten geläufigen Formen des Irrealis eine Unterscheidung in die Welt zu setzen, welche die Grammatik nicht hergibt: statt «Ich brauchte einen Schraubenzieher» lieber «Ich bräuchte ihn». Das mag man begrüßen als Signal dafür, dass wir auf den Konjunktiv eben doch nicht verzichten können; nur ist damit eine Form erfunden, die uns in Teufels Küche brächte, wollten wir sie konsequent verwenden: Täuchte der Taucher, wenn er seinen Schnorchel – schmäuchte der Raucher, wenn er seinen Tabak fände?

Viel schmerzlicher aber wird die Grammatik aufs Rad geflochten, wenn es um die allgegenwärtige Aufgabe geht, den Konjunktiv der Unwirklichkeit (Er käme ja gern, wenn nicht leider …) abzugrenzen gegen den Konjunktiv der indirekten Rede (Er komme gern, sagte er). Und ebendieser, eine noble Besonderheit der deutschen Sprache, ist mehr als ein intelligenter Modus der Mitteilung – er ist eine politische Notwendigkeit.

Wo angelsächsische Zeitungen in jedem Satz einer zitierten Rede ein «he said» einstreuen müssen, um das Bewusstsein wachzuhalten, dass sie nicht etwa für den Inhalt haften – da steht den Journalisten deutscher Sprache das ungleich elegantere Mittel zur Verfügung, jeden Irrtum auszuschließen durch ein konsequentes «Er sagte, er habe, er sei, er wolle, er werde». Wenn ein Chemie-Unternehmen nach einer Gasexplosion mitteilt: «Für die Anwohner besteht keinerlei Gefahr», so wäre es grotesk, das Wort «besteht» in die Radionachrichten zu übernehmen; vielmehr teilt dort das Unternehmen mit, es *bestehe* keine Gefahr – und dieses eine e anstelle des t macht jedem klar: Na ja, das sagen die halt.

Wie politisch der Konjunktiv der indirekten Rede ist, wird besonders augenfällig an dem grotesken Umgang mit ihm, den die untergegangene DDR ihren Journalisten anbefahl: «Honecker sagte, die DDR sei ...» war unzulässig, denn wenn Honecker es so sagte, dann war es auch so; also: «Honecker sagte, die DDR ist ...» Zwingend aber war der Konjunktiv in Sätzen wie: «Kohl sagte, die BRD sei ...» Denn wenn Kohl es sagt, *ist* sie es natürlich nicht.

Wie schön, dass diesem Unfug ein jäher Tod beschieden war. Stürben doch die anderen Missbräuche ebenso gründlich! Der häufigste ist, dass die Formen des Konjunktivs der indirekten Rede, das *wolle* und das *habe*, den wenigsten geläufig sind, sodass sie sich arglos der Formen des anderen Konjunktivs bedienen: Er sagte, er hätte – obwohl sie *er habe* meinen und den Unterschied kennen sollten. Er sagte, er habe Geld, heißt ja: Er hat welches; «er hätte Geld» aber wäre nur korrekt, wenn es weiterginge: «... wenn es ihm nicht gestohlen worden wäre»; er hat also keins.

In geschriebenen Texten bewältigen kaum zwei oder drei Prozent der Deutschsprachigen diesen Unterschied, in mündlicher Rede gar nur noch ein Tausendstel davon; und von denen lebt merkwürdigerweise die Mehrzahl in der Schweiz. Hier kann man alte Bergbauern sagen hören: «Er sagte mir, er habe ...» In bundesdeutschen Ohren klingt das ganz unglaublich intellektuell. Dabei ist es einfach herrlich direkt aus dem Brunnen der Sprache geschöpft, dort, wo er am tiefsten ist.

2

Auch Eisberge kochen nur
mit Wasser

Wenn sich Vögel mausern, so stoßen sie die alten Federn ab und bekommen ein frisches Kleid. Dass sie dabei Vögel bleiben, sollte festgehalten werden – wenn wir nämlich eines der beliebtesten Beispiele für Bildersprache anleuchten: dass dieser oder jenes sich gemausert habe *zu* … Etwa ein Bahnhof zum Museum oder ein Feind zum Freund oder «die Seifenoper zum Einschaltquotenrenner». All das kann man in der Zeitung lesen. Was geht hier im Kopf des Schreibers vor?

Erstens, er wünscht seine Sprache mit einem Bild zu schmücken. Zweitens, er bedient sich – das spart Zeit und Geisteskraft – eines Bildes, an dem schon tausend Schreiber vor ihm herumgefummelt haben; viel Schmuck für die eigene Sprache fällt da nicht mehr ab. Drittens, er glaubt entweder, dass Feinde, Opern, Bahnhöfe ein Federkleid besäßen – oder dass es zumindest naheliegend wäre, sie mit gefiederten Flug-objekten zu vergleichen. Viertens schließlich unterstellt der Schreiber, dass am Ende der Mauser ein gänzlich anderes Wesen stehen, aus dem Vogel also etwa ein Zitronenfalter geworden sein könnte.

Wer so viele Torheiten mit nur zwei Silben zu begehen weiß, der lässt die Spitze eines Eisbergs aufblitzen, den wir nicht unter den Teppich kehren sollten: Er verwendet Bilder, aber er betrachtet sie nicht, oder anders ausgedrückt: Zwar soll ein Publikum ihm lauschen, aber sich selber hört er nicht zu. Er sollte wissen und beherzigen, dass Stauseen nicht bre-

15

chen und Dämme nicht überlaufen, sondern umgekehrt; dass man sich auf Quellen nicht stützt, sondern aus ihnen trinkt oder schöpft – das sind klare Bilder, die die Sprache frisch halten und dem Schreiber Blamagen ersparen.

Dabei ist einzuräumen: Eine stimmige Bildersprache hat es nicht leicht, sich gegen schlechte Gewohnheiten und eingebaute Schwierigkeiten durchzusetzen. Wer Öl ins Feuer schüttet, facht es an; wer Öl auf die Wogen gießt, besänftigt sie. Jedes der beiden Bilder entspricht einer Eigenschaft des Öls – doch sie sprechend oder hörend auseinanderzuhalten ist nicht leicht. Die Farbe Schwarz drückt bei Listen und bei Schafen etwas Negatives, bei Zahlen etwas Positives aus; und während wir uns bei den Öl-Bildern noch an die natürliche Beschaffenheit halten, geraten wir hier mit unserer eigenen Bildersprache in Konflikt: Was heißt denn «schwarz»? Wenn wir blaue Zahlen in grüne Listen setzten, wäre nichts verloren.

Auch kennen wir schiefe Bilder mit literarischer Beglaubigung: Wenn in Goethes «Prometheus» *nicht alle Blütenträume reiften*, muss der Hinweis gestattet sein, dass das Reifen nicht den Träumen, sondern den Blüten widerfährt, dass also von den allein korrekten «Traumblüten» nur mit einer gewissen Strapazierung der dichterischen Freiheit abgewichen werden kann. Mephistos Satz «Grau, teurer Freund, ist alle Theorie und grün des Lebens goldner Baum» würde uns einen ähnlichen Schmerz bereiten – wäre da nicht die Hoffnung, die Wahl der unverträglichen Farben sei eine stilistische Entsprechung zum Zynismus der Ratschläge, die Mephisto dem Schüler erteilt.

Nur dass wir damit leider auf ein weiteres Problem der Bildersprache stoßen: Manchmal *will* sie ja die Bilder durcheinandermengen, von der ironischen Absicht über die Flapsigkeit des Jugendjargons (in einer Musikzeitschrift für junge Leute: «Der Star lässt vergessen, dass hier einer am stinknormalen Flügel auch nur mit Wasser kocht») bis zum schieren Mutwillen des Schülerwitzes («Das schlägt dem Fass die Krone auf den Gipfel»). Und nicht immer lässt sich entscheiden, ob da ein klarer, ein bedingter oder überhaupt kein Vorsatz waltete. Angenommen, ein Provinzbildhauer würde in der Kritik als «der Michelangelo von Wurmansquick» gerühmt – sollen wir dies als gutgemeintes Lob oder als Verspottung lesen?

Ganz offensichtlich gut gemeint und eben dabei unfreiwillig komisch: Das ist die Bildersprache, die uns als Hörer und Leser entzückt. Ihre Großmeisterin war Friederike Kempner, «die schlesische Nachtigall», die 1873 in ihren «Gedichten» ein Kompendium der Stilblüten lieferte; so kreuzte sie die böse Stiefmutter mit dem Glückspilz zum bejammernswerten «Stiefpilz des Geschicks». Politiker sind nicht viel besser, wenn sie beispielsweise fordern: «Die öffentliche Hand sollte endlich auf die Preisbremse treten.» Der Sorge, dass die staatlichen Wohltaten sich vermindern könnten, stellten die deutschen Gewerkschaften die Warnung entgegen: «Wir lassen uns das soziale Netz nicht durchlöchern!»

Der gern unterschätzte Rhetor Helmut Kohl machte auch zwischen seinen Bildern eine starke Figur. Zu Weihnachten sprach er: «Die Menschen wollen Wärme sehen» (als ob nicht mancher sie lieber hören würde!), und in die Annalen der unfreiwilligen Komik schrieb er sich ein mit dem Satz: «Entscheidend ist, was hinten rauskommt.» Dass auch darüber gelacht wurde, ist insofern tragisch, als es an der Wahrheit dieses Kohl'schen Ausspruchs eigentlich nichts zu rütteln gibt.

3

«Kyrill» heißt mein
Wirbelsturm ...

Und «auch Familienhund Bo» erschien zu dem Empfang, der dem Staatsgast im Weißen Haus gegeben wurde, der «Tagesschau» zufolge. Es ist noch nicht lange her, da waren Stürme namenlos und Hundenamen nicht nachrichtenwürdig. Was ist hier geschehen?

Die Kosenamen von Haustieren ihren Lesern routinemäßig mitzuteilen, das ist eine Erfindung der Boulevardzeitungen: Wenn sie das Muster der Krawatte und den Namen des Hundes drucken, so erwecken sie den Anschein von Genauigkeit, der den Leser in dem Glauben wiegen soll, er könne auch den Hauptsachen vertrauen. Außerdem verbreiten sie damit eine Atmosphäre des Dabeigewesenseins, sie holen den Staatsgast in die Wohnküche und bieten den dort Hockenden zum Streicheln an. (Das ist der Zwangshandlung verwandt, zu der Walt Disney Millionen Großmütter im gesamten Abendland getrieben hat: «Bambi!», rufen sie, sobald ein Reh über die Bildschirme hüpft.)

Wirbelstürme, ja sogar Hoch- und Tiefdruckgebiete mit menschlichen Vornamen zu versehen, war zunächst ein Sprachwitz, den sich die Meteorologen leisteten – zur leichteren internationalen Verständigung, wie sie sagten, aber natürlich mit einem Schuss Mutwillen: Denn wenn schon Autokäufer einen 600 SLI spielend von einem 400 CLX-24 unterscheiden können, so wäre natürlich eine Nummerierung der Wettererscheinungen zumutbar und noch weit praktischer gewesen. Aber sie wollten sich einen Spaß machen, die Meteorologen – warum nicht.

Sobald sie nun im Fernsehen auftraten oder ihre Sprachsitten an Journalisten weitergaben, war es geschehen: «Tief Quirin bringt Regen» und «Kyrill fetzt übers Ferienparadies»; natürlich sammelt er auch «neue Kraft» und «verwüstet Versicherungsbilanzen». So ein Kerl ist er, der Kyrill. Auch 47 Menschen hat er umgebracht.

Daraus ergeben sich eine nachdenkliche Beobachtung und eine Frage. *Heißen* eigentlich Wirbelstürme? Was heißt das, «heißen»? *Heißt* ein Auto «Bimbo», wenn sein Eigentümer diesen Namen auf die Heckscheibe gepinselt hat – oder ist er einfach ein Narr, der die Leute mit einer privaten Albernheit behelligt? Die nachdenkliche Beobachtung aber ist, dass wir uns mit «Kyrill» zu den Anfängen der Sprache zurückbegeben: zur Personifizierung.

Das Echo war ja im griechischen Mythos keine Sache, sondern eine Nymphe, *die* Echo, die sich mit den Menschen einen Schabernack erlaubte, und im germanischen Mythos entstand der Donner durch die Hammerschläge des Gottes Donar oder Thor. So hat sich der primitive Mensch einst alle Naturerscheinungen erklärt, und kleine Kinder sind dafür noch heute leicht zu haben, ja sie setzen von sich aus Gnome in die Welt: eine Person an die Stelle eines Rätsels.

Auf dieses Entwicklungsstadium also fallen wir zurück, wenn wir zum Wirbelsturm «Hallo, Kyrill» sagen. Natürlich, wir wissen, dass da kein Dämon bläst; doch indem wir so tun, als müsse eine Katastrophe einen menschlichen Namen tragen, haben wir den Hurrikan ein bisschen enträtselt und entdämonisiert. Er passt nun besser in die Küche, zu Bambi dem Reh und Bo dem Hund.

Nur: *Heißt* er «Kyrill»? Das lässt sich bestreiten. Wörter zu erfinden, Namen zu verleihen, das ruft ja noch nicht Sprache ins Leben; *heißen* tut ein Ding erst dann, wenn die Sprachgemeinschaft einen Vorschlag angenommen hat. Auch Finger und Zehen «heißen» nicht, obwohl man von gutmütigen Irren hört, die sich zwanzig Namen für sie haben einfallen lassen.

Die Namen der Wirbelstürme scheinen sich im kritischen Stadium zu befinden: Nach den Meteorologen und den Journalisten soll es schon die ersten Mitbürger außerhalb dieser beiden Berufsgruppen geben, die den Hurrikan mit Namen anreden, ihm also gleichsam auf die Schulter klopfen. Wäre es so, dann «hieße» er. Dann wäre die Welt um eine Kinderei bereichert. Desto leichter könnte die Zeitung ihn auch einen «Mörder» schelten (welche Wohltat bei der Suche nach der Überschrift).

Für ein paar Feinfühlige bliebe in diesem Fall nur noch, sich dem Wirbelsturm gegenüber so zu verhalten wie Hans Castorp im «Zauberberg» gegen die schöne Russin, die Thomas Mann, beziehungsreich genug, Clawdia Chauchat getauft hat: Castorp sprach den Namen mehrmals nach, indem er «zu Frau Chauchat hinüberblickte und ihn ihr gewissermaßen anprobierte».

Wollten wir, auf vergleichbarem Niveau, den Hurrikanen Namen anprobieren – würde dann ausgerechnet «Kyrill» herauskommen? Der Name ist armselig und beziehungslos. *Winfried* hat nichts mit Wind zu tun und wäre überdies zu freundlich. *Hotzenköcherle*, das ist ein guter schweizerischer Name und ergäbe einen absolut unverwechselbaren Wirbelsturm. *Schionatulander* aus dem «Parzival» vielleicht eher für ein Hochdruckgebiet. *Uitznauatlailotlac* hieß ein aztekischer Fürst, das ist nicht gelogen – ideal für Dauerregen. Schließlich die Delegation, die James Joyce im «Ulysses» zusammengestellt hat: *Don Pecadillo y Palabras y Paternoster de la Malora de la Malaria,* den hört man wahrlich die Karibik heimsuchen, und (so im englischen Original!) den *Herrn Hurhausdirektorpräsident Hans Chuechli-Steuerli.* Wie viel Charakter ist darin, mit Kyrill verglichen! Weniger haben etwas so Kraftvolles wie Hunde und Hurrikane nicht verdient.

4

Akademische Oberschwanzdeckfedern

Dass die menschliche Sprache der Verständigung diene, war schon immer eine stark übertriebene Behauptung. Von jeher ist sie in viel höherem Grade das Vehikel des Geschwätzes («Da sag ich doch zu ihm: ‹Mein Gott!›, sag ich»); des magischen Rituals in Gebet, Beschwörung, Aberglauben und der Manipulation durch politische, kommerzielle und private Propaganda. Zieht man noch die traurige Rolle der Lüge, des Befehls und der Beschimpfung ab, so blieb für den Wunsch, eine Mitteilung zu machen, immer nur ein bescheidener Teil unseres Wortaufkommens übrig.

Dieser Rest nun hat sich in den letzten Jahrzehnten weiter verkleinert durch den Wortfleiß einer explodierenden Anzahl von Professoren und Studenten der Geisteswissenschaften, zumal der Kommunikationswissenschaft und der Soziologie. Verständigung kann einfach nicht ihr Ziel sein, wenn sie schreiben: «Ambiguitätstoleranz ist das psychische Korrelat der Normen- und Interpretationsdiskrepanzen sowie der nicht voll komplementären Bedürfnisbefriedigung im Interaktionssystem.»

Was liegt hier vor? Der Wunsch, Nichtwissende durch Information zu Wissenden zu machen? Das wäre ein Versuch mit untauglichen Mitteln. Nein: Offensichtlich geht es um den Ausweis der Zugehörigkeit nach innen und um die Einschüchterung nach außen. Wer sich so auszudrücken versucht, teilt den Fachkollegen mit, dass er ein würdiges Mitglied ihrer Clique ist; den Studenten gibt er das Signal: Wenn du so schreiben lernst, werden wir dir akademische Grade verleihen; und wer das erhabene Kauderwelsch nicht beherrscht, der wird von der Kommunikation ausgeschlossen und hat uns sprachlos zu bewundern. Da schlägt ein Pfau sein Rad und will uns, statt mit Oberschwanzdeckfedern, mit ebenso gespreizten Vokabeln imponieren.

Nun kommen sie natürlich, die Experten, und behaupten, das Neuartige und Komplizierte ihrer geistigen Höhenflüge sei in schlichteren Worten nicht zu fassen. Doch diese Behauptung ist falsch. Wer hätte je seinen Zeitgenossen ungewohntere Gedanken zugemutet, als Franz Kafka und Sigmund Freud dies taten? Doch Kafka transportierte seine Botschaft mit einem auffallend kargen Wortvorrat, und Freud war ein brillanter Stilist von bestechender Klarheit. Mit Recht wird in seinem Namen ein Sigmund-Freud-Preis für wissenschaftliche Prosa verliehen; sein Träger von 1985, der Historiker Hermann Heimpel, sagte: «Wissenschaftliche Prosa ist genau, also unbequem für den Autor; und einfach, also bequem für den Benutzer gelehrter Arbeiten, mitten in dem ungerügten schlechten Deutsch eines ausufernden Wissenschaftsbetriebs.»

Wenn unsere Geisteswissenschafter von interessierten Laien verstanden werden wollten und wenn sie bereit wären, die Plage der Einfachheit auf sich zu nehmen: so wäre die Verständlichkeit herstellbar. Aber sie wollen eben nicht. Zu dem Vorzug der elitären Absonderung vom gemeinen Volk tritt ja noch ein anderer. Wenn man etwa den Geologen ihr scheußliches Chinesisch nähme («Die mesozoische Geosynklinalphase wurde vom kontinentalen Verrucano eingeleitet») – so blieben ihnen doch die Steine. Was aber bleibt den Soziologen, wenn man sie ihrer pompösen Begriffe beraubt? Die Soziologie *bedient* sich keiner Fachsprache, sie *ist* eine.

Der Philosoph Karl Popper hat das auf brutale Weise anschaulich gemacht: Er hat typischen Zunftjargon auf seinen Informationsgehalt reduziert. So nahm er den Satz von Jürgen Habermas «Theorien erweisen sich für einen speziellen Gegenstandsbereich dann als brauchbar, wenn sich ihnen die reale Mannigfaltigkeit fügt» – und übersetzte ihn: «Theorien sind auf ein spezielles Gebiet dann anwendbar, wenn sie anwendbar sind.» Eine gewisse Dürftigkeit der Aussage ist da nicht zu übersehen; dass Habermas solche Sätze nicht zu Büchern hätte schichten können, ist offensichtlich. Jargon-Zertrümmerung würde folglich die Existenzgefährdung streifen; auf entsprechenden Hass muss der Zertrümmerer vorbereitet sein.

Das soll uns nicht hindern. Wir haben starke Bundesgenossen. «Ach, wie sie mich ekeln, die absichtsvoll verrätselten Worte!», sagt Elias Canetti, Träger des Nobelpreises für Literatur. «Was sich sagen lässt, lässt sich klar sagen», schreibt der Philosoph Ludwig Wittgenstein, «und worüber man nicht sprechen kann, darüber muss man schweigen» – mit der Popper'schen Variante: «Wer's nicht einfach und klar sagen kann, der soll schweigen und weiterarbeiten, bis er's klar sagen kann.»

Ein schrecklicher Rat für jemanden wie den Schreiber des folgenden Satzes: «Die Erkundung molestierender Ontologiegehalte legt jenen Offenhaltungsanspruch diskreter Hintertüren von Subjektkonstitution gegen affirmative Dementi frei, welcher sich einer violentes Verbot genealogischen Ermittelns ob seiner Exkulpationsprämien favorisierenden Tradition indolenter Kritik verdankt.» Da sollten wir gar nicht zu verstehen versuchen – da sollten wir verachten.

Von der Verachtung ausdrücklich ausgenommen sei jener offenbar akademisch gebildete Bettler, der aus dem Jargon die Komik kitzelte, indem er an seinen umgestülpten Hut ein Schild mit der Aufschrift lehnte: «Ich möchte diesen Spendenaufruf als Thematisierung gesellschaftlicher Widersprüche verstanden wissen.»

5

Der weit überschätzte Nebensatz

«Blamier mich nicht, mein schönes Kind, und grüß mich nicht Unter den Linden», heißt es in Heines berühmtem Gedicht – vom Satzbau her ein Grund zu stutzen. Blamier mich nicht, *indem* du, *dadurch dass* du mich Unter den Linden grüßt: Wäre das nicht der korrekte Ausdruck des Kausalzusammenhangs? Heine zog die Reihung zweier Hauptsätze vor, durch ein *und* verbunden, das, rein logisch betrachtet, nichts begründet. Warum ist ein Satz wie «Sei doch so nett, mir das Buch zu geben» im mündlichen Deutsch kaum je zu hören? Weil wir lieber auf die Begründung der Nettigkeit verzichten und stattdessen sagen: «Sei doch so nett *und* gib mir …»

Das kann nur heißen: Wir lieben die Hauptsätze. Sie sind die natürlichste und zugleich die poetischste Form, uns mitzuteilen. Sie dominieren bei Homer, in den isländischen Sagas, in den Grimm'schen Märchen und in der Bibel. Hiob sprach eben nicht: Der Herr, der's gegeben hat, hat's auch genommen, sodass sein Name gelobt sei – sondern: «Der Herr hat's gegeben, der Herr hat's genommen; der Name des Herrn sei gelobt!» Der Nebensatz hat einen Beigeschmack von Schriftlichkeit, Literatur, Abstraktion. Er ist ein Produkt des Schulunterrichts. Er hat Meriten, auf die zu verzichten unsinnig wäre; aber zugleich stellt er schlimme Versuchungen bereit.

Erste Versuchung: Wir schieben den Nebensatz mitten in den Hauptsatz hinein und zerreißen damit alle Vernunft. «Er

26

hatte das Buch, das er seinem Freund leihen wollte, leider verloren» – korrekt und dabei ziemlich töricht. «Er hatte das Buch» (wie schön), «das er seinem Freund leihen wollte» (ja doch, aber was war nun mit dem Buch?), «leider verloren.» Aha, er hatte es also *nicht*. Der Autor entschied sich, die Information A auf halbem Weg zu unterbrechen, uns mit der Information B zu bedienen und dann die Information A zu komplettieren. Sollte es wirklich keine unverkrampftere Form der Mitteilung geben? «Leider hatte er das Buch verloren, das er seinem Freund leihen wollte» – nun steht der Nebensatz da, wo er hingehört: am Schluss, und aus der Abfolge A-B-A ist die allein vernünftige Abfolge A-B geworden. Nicht gerechnet, dass man sich für zwei Hauptsätze entscheiden könnte: «Er wollte seinem Freund das Buch leihen, aber er hatte es verloren.»

Zweite Versuchung: Der eingeschobene Nebensatz enthält gar keine erläuternde Nebensache (was allein ihn allenfalls rechtfertigen könnte), sondern eine gleichrangige Hauptsache. In einem Artikel über junge Unternehmer war zu lesen: «Heute sind die beiden, die eine Million in das Geschäft investiert hatten, zerstritten.» Der Autor erzählt also zunächst die halbe Gegenwart (zwei *sind*, was auch immer), dann springt er in die Vergangenheit, dann beschenkt er uns mit dem Rest der Gegenwart. Gründlicher kann man es nicht zertrümmern, jenes Drama in zwei Akten, das nach zwei Hauptsätzen schreit: «Erst haben sie eine Million investiert – und nun sind sie zerstritten.»

Die dritte Versuchung: Man schachtelt in den einen Nebensatz einen zweiten und vielleicht einen dritten – völlig korrekt natürlich, aber die Pest für Ausländer und ein Ärgernis für alle Leser. In der Karikatur: «Derjenige, der denjenigen, der den Pfahl, der an der Brücke, über die der Weg, der nach

Wien führt, steht, umgeworfen hat, anzeigt, erhält eine Belohnung.» Und ernst gemeint (2007 in der «Süddeutschen Zeitung»): «Dieser Mechanismus, mit dem sich Hindenburg als Mann der Vorsehung und charismatischer Führer erfand, dem Millionen später blindlings vertrauten, als sie ihn zweimal, 1925 und 1932, zum Reichspräsidenten wählten, der dank der Weimarer Verfassung über einen großen politischen Entscheidungsspielraum gebot, wird von Wolfram Pyta mit bewundernswerter Detailgenauigkeit geschildert.»

Da wird es Zeit, etwas zur Ehrenrettung des Nebensatzes vorzubringen. Er kann, an den Hauptsatz angehängt, der Befreiungsschlag gegen andere Formen der Verschachtelung sein: nicht «Dies ist das Ihnen von der Direktion für die nächsten drei Wochen zugewiesene Zimmer», sondern: «Dies ist das Zimmer, das die Direktion Ihnen …». Nicht: «Er forderte von X die Widerrufung aller gegen ihn vorgebrachten Verleumdungen», sondern: «Er forderte X auf, die Verleumdung zu widerrufen, die X gegen ihn vorgebracht hatte.»

Und der Nebensatz kann den Gipfel der Eleganz erklimmen – wenn er meisterlich gehandhabt wird. «Es gibt jetzt der Vorschriften, was man sein soll, so mancherlei Arten, dass es kein Wunder wäre, wenn die Menge auf den Gedanken geriete, zu bleiben, was sie ist» (Lichtenberg). Oder: «Haben wir bisher gestaunt, dass solche Bauwerke nur so weit gediehen, so werden wir mit der größten Bewunderung erfahren, was eigentlich zu leisten die Absicht war» (Goethe über den Kölner Dom). Oder: «Die Juden, wenn sie gut, sind sie besser, wenn sie schlecht, sind sie schlimmer als die Christen» (Heine). Oder Dürrenmatts Spott auf die Intellektuellen: «Von der Welt, wie sie ist, leben sie; von der Welt, wie sie sein sollte, nehmen sie die Maßstäbe, die Welt zu verurteilen, von der sie leben.»

Wer sich aber solchen Satzmodellen nicht gewachsen fühlt, der tut gut daran, es mit Tucholskys drei «Ratschlägen für einen guten Redner» zu halten: Hauptsätze. Hauptsätze. Hauptsätze.

6

Warum man zu wenig schreiben sollte

Schreiben kann man natürlich so: «Mehr und mehr von heftiger Rührung ergriffen, konnte Heinrich die Worte nur mit Anstrengung herausstoßen. Die Tränen strömten über seine Wangen, und als ihm die Stimme unter Schluchzen versagte, stand er stumm vor den im Innersten ergriffenen Eltern. Bestürzt und erschüttert blickten sie auf diesen Sohn, der nun der Verzweiflung nahe war.»

So kann man schreiben, aber man sollte es nicht – nicht also wie in diesem Beispiel aus «Engelhorns Roman-Bibliothek» von 1905. Ein Schriftsteller darf von zehn beabsichtigten Wörtern nur eines schreiben und nicht elf, hat Ludwig Thoma gefordert – und hier wimmelt es von elften Wörtern: zu den Tränen auch noch das Schluchzen, stumm mit versagender Stimme und bei alldem der Verzweiflung nah, und *wo* waren die bestürzten Eltern ergriffen? Im Innersten. Ungebremste Geschwätzigkeit oder Zeilenschinderei? Egal – wer Leser fesseln will, der ist zum Gegenteil aufgerufen; nach dem Satz Voltaires: «Die Kunst, langweilig zu sein, besteht darin, *alles* zu sagen.»

Wie man nicht alles ausdrückt, das demonstrieren große Schreiber auf viererlei Weise. Erstens: Sie geizen mit Wörtern nach Ludwig Thomas Rat, sie streichen Füllwörter und die meisten Adjektive, weil die die Sätze nur verdünnen. Die farbigsten Bilder entstehen im Kopf des Lesers dann, wenn er kraftvolle Worte mit seinen eigenen Vorstellungen und Erfahrungen ergänzen kann.

Zweitens: Große Schreiber geizen mit Einzelheiten. Alle Gegenstände in einem Zimmer, alle Handlungen während eines Aufruhrs zu beschreiben ist unmöglich. Nur sollte man daraus nicht folgern, man dürfe Leser mit Floskeln abspeisen (überladenes Zimmer, großes Durcheinander). Nein, Leser lechzen nach Details – nur eben nicht nach allen, sondern nach typischen, dem *Pars pro Toto*, dem Teil statt des Ganzen. Es gibt keine bessere Stilfigur – vom biblischen Gleichnis, das nur die Lilien auf dem Felde nennt, obwohl für alle Pflanzen dasselbe gilt, bis zu Fräulein Smillas Bekenntnis (bei Peter Høeg): «Ich habe eine Schwäche für Verlierer – für Invalide, Ausländer, den Dicken in der Klasse und für alle, mit denen keiner tanzt.»

Drittens: Sie beschreiben nur Handlungen und überlassen alle Gedanken dazu dem Leser. Meister darin sind Isaak Babel und Ernest Hemingway, beide ohnehin durch kargen Stil bekannt; doch oft wählen auch solche Dichter diesen Weg, von denen man es nicht vermutet hätte, Grillparzer zum Beispiel. In seiner Selbstbiographie berichtet er von seinem Besuch beim alten Geheimrat Goethe: «Von den Tischereignissen ist mir nur noch als charakteristisch erinnerlich, dass ich … in dem neben mir liegenden Stücke Brot krümelte und dadurch unschöne Brosamen erzeugte. Da tippte denn Goethe mit dem Finger auf jedes einzelne und legte sie auf ein regelmäßiges Häufchen zusammen.» Und mit keinem Wort erwähnt der Schreiber, dass er dies als abstoßend empfunden haben dürfte; diese Vorstellung selbst zu gewinnen, aktiviert den Leser und befriedigt ihn.

Viertens: Nicht einmal die Handlungen beschreiben sie ganz. Den Tod Dantons teilt Büchner, außer im Titel des Dramas, gar nicht mit. Danton schmäht den Henker – nächste Szene: Vier Frauen plaudern und klagen über das Sterben –

letzte Szene: Zwei Henker gehen singend heim. Ähnlich endet Hemingways «Wem die Stunde schlägt»: Robert Jordan, der Held, liegt mit zerschmettertem Bein auf dem Waldboden und kämpft nur noch um eines: dass er, bevor er die Besinnung verliert, die Flucht seiner Freunde vor Francos Soldaten decken kann, indem er möglichst viele tötet. Als die Verfolger sich ihm ahnungslos auf zwanzig Meter genähert haben, schließt der Roman mit dem Satz: «Er spürte das Pochen seines Herzens auf dem Nadelboden des Waldes.»

Hemingway selbst hat dem Schriftsteller die «Eisberg-Technik» empfohlen: nur die Spitze zeigen; der Leser ergänzt sie in seiner Phantasie um die viel größere Eismenge, die unter Wasser liegt. Die Stilistik spricht hier von Implikation (das Nichtgesagte wird einbezogen) oder Unterdetermination (es wird weniger als das logisch Notwendige ausgedrückt). Ist bei Büchner wie bei Hemingway der unausgesprochene Schluss der Handlung völlig klar, so geht Somerset Maugham in seiner Novelle «Rain» noch weiter: Der Leser muss sich selber zusammenreimen, was geschehen ist.

Da will also ein Missionar auf einer Südsee-Insel eine Hure vor der Hölle retten, in heiligem Eifer redet er auf sie ein bei Tag und bei Nacht. Eines Morgens aber liegt er mit durchschnittener Kehle am Strand – Selbstmord! Die Hure lässt von ihrem Grammophon Ragtime auf die Straße dröhnen, und den entgeisterten Freund des Missionars, Dr. Macphail, empfängt sie mit den Worten: «Ihr Männer seid alle Schweine.» Danach heißt es nur noch: «Dr. Macphail keuchte. Er verstand.»

Hier alles zu sagen, hätte den Leser um eine kleine Anspannung betrogen, um ein Aha-Erlebnis. «Wenn zwei Sätze geschrieben sind, muss ein dritter, nicht geschriebener, entstehen», sagt Julien Green. «Der Klang dieses idealen Satzes

muss hörbar sein, doch nur ein schlechter Schriftsteller würde versuchen, ihn in die Schrift zu sperren – er muss wehen
wie ein Hauch, er ist es, der die Seite atmen lässt.» Anders als
bei jenen Schluchzenden, die erschütternderweise auch noch
Tränen vergießen.

7

Ein Kaubeu am Rein

Dass wir eine Lautschrift hätten, im Unterschied zu den Bilderschriften der alten Ägypter oder der Chinesen, wird gern gesagt und ist doch in doppelter Hinsicht irreführend: Weder sind unsere Laute geeignet, das, was sie benennen, halbwegs sinnvoll abzubilden, noch sind unsere Buchstaben imstande, die gesprochenen Laute in schlüssige Symbole umzusetzen.

Der erste Irrtum – Lautmalerei sei der Ursprung unserer Wörter – geistert seit Platon durch die Gespräche der Gebildeten; vom zweiten Irrtum haben unsere rührigen Rechtschreibreformer profitiert: Sie wollen das Schriftbild ändern und übersehen dabei, dass auch wir im Grunde eine Art Bilderschrift besitzen; einen Vorrat an vertrauten Wortbildern nämlich, den wir uns nicht gern durcheinanderbringen lassen.

Einen Reinfall kann man sicher auch in Schaffhausen erleben, aber mit dem Rheinfall hat er nichts zu tun. Das h in Rhein ist einerseits ein historischer Ballast, und andererseits würden wir den alten Rhein nicht wiedererkennen, wenn man ihm das h raubte, bloß weil es phonetisch sinnlos ist. Nun sollen wir uns der Rechtschreibreform zufolge an Tausende von neuen Wortbildern gewöhnen, Stängel zum Beispiel, weil der eigentlich eine kleine Stange sei. Eine Umgewöhnung, eine Belästigung also wird uns zugemutet, und der Vorteil, der sie aufwiegen soll, liegt auf einem Feld, auf dem die Schrift ohnehin wenig zu vermelden hat: der Logik. In strikter Lautschrift würden viele unserer Wörter plötzlich Fremde sein – oder wie lange müssten wir grübeln, um uns klarzumachen, was ein Kaubeu ist?

Vieles, was das Alphabet leisten könnte, verlangen wir ihm gar nicht ab. *Wint* könnten wir schreiben, denn so sprechen wir; *Wind* aber schreiben wir. Der Diphthong ei entsteht nicht dadurch, dass wir e mit i, sondern dass wir a mit i verschmelzen (wie in Mai). Ebenso wäre das eu eigentlich oi zu schreiben (wie in ahoi) und das au besser ao (wie in Kakao); mit allzu klarem u sprechen das au nur Schwaben und Schweizer aus. Anderes, was das Alphabet leistet, nützt uns nichts: Warum haben wir ein c, da sein Lautwert doch durch z oder durch k wiedergegeben werden könnte – warum ein v, wenn wir es entweder wie f oder wie w aussprechen?

Und vieles schließlich, was wir brauchen, verweigert uns das Alphabet. Durch die gesprochene Sprache torkelt ein Dutzend Laute, die keinen Buchstaben gefunden haben: Wer «Schule» schreibt, muss eine Häufung von drei Zeichen zu Hilfe nehmen, die, hintereinander gesprochen, niemals den Laut sch ergeben. Dem ch ergeht es nicht besser, ja, es teilt nicht einmal mit, ob es hart wie in «ach» oder weich wie in «ich» gesprochen werden soll.

Wie sehr es die Wortbilder sind, die optischen Signale der sogenannten Lautschrift also, die unser Sprachbewusstsein prägen – das macht das Verhältnis deutlich, das viele Romanen zum deutschesten aller Buchstaben haben, dem k. Das italienische Lexikon verzeichnet unter k nur kaki und knut (die Knute), das französische auch képi, kermesse und noch ein paar mehr. Was aber tun französische Politiker, wenn sie vor einer Dominanz des Deutschen warnen wollen? Sie holen sich deutsche Wörter wie «Diktat» oder «kolossal» in ihren Text. Und wie nannten Mailänder Hausbesetzer ihren rechtsfreien Raum? «Leonka» – sinnlos, aber provokant; wie sie auch Kraxi schrieben oder Amerika, wenn sie ihren Hass artikulieren wollten. Wir haben eben eine Bilderschrift.

Der andere Irrtum, der in dem Wort Lautschrift mitschwingt, ist die uralte Vorstellung, dass unsere Laute innig verbunden seien mit den Sachen, die sie benennen. Platon sagte im «Kratylos», die Dinge «offenbaren sich durch Nachahmung», und Johann Gottfried Herder predigte mehr als 2000 Jahre später immer noch: «Das erste Wörterbuch war aus den Lauten der Welt gesammelt.»

Nur gibt es da ein dreistufiges Problem. Stufe 1: Der Hund bellt auf Deutsch wau-wau, auf Englisch bow-bow oder arf-arf, auf Französisch toutou, auf Italienisch bau-bau, auf Spanisch guau-guau. Stufe 2: Diese Wörter vertragen sich nicht nur miteinander nicht, sondern natürlich auch mit keiner Form des Gebells – oder würde je ein Tierstimmenimitator es wagen, sich ihrer zu bedienen? Stufe 3: Und in keiner Sprache *heißt* der Hund so, wie wir ihn bellen lassen – sondern dog heißt er, chien, cane oder perro, und mit keinem Naturlaut stehen diese Namen in Zusammenhang. Nichts spiegeln sie wider als die Entscheidung eines Häuptlings oder Medizinmanns, der in grauer Vorzeit dieses Zufallswort entweder erfand oder sanktionierte.

Aber der Blitz! Zerreißt er nicht die Dunkelheit mit flirrendem Licht, benennt das i nicht das Glitzern und das u die Gruft? Nicht ganz. Denn wie sollen wir die Finsternis einordnen oder auf Französisch foudre? Unsere Laute sind willkürlich gewählt, und erst nachträglich hören wir Gemütswerte aus ihnen heraus – eben jene, die unsere Ahnen in sie hineingelegt haben. Dasselbe Gefühl hat auf zufällige Weise die Wörter Liebe und amour ins Leben gerufen; aber nun ist es kein Zufall mehr, dass sie uns jene Emotion vermitteln, aus der sie geboren wurden. «Was uns Rose heißt», sagt Shake-speare, «wie es auch hieße, würde lieblich duften.»

Und wie immer er röche: Rhein soll er heißen bis zum Jüngsten Tag.

8

Das erzählte Mittagessen

Wenn sich auf einer Zeitungsseite die prozesshaften Werkhandlungen mit der kokett ästhetisierenden Bestandsaufnahme des Nächstliegenden treffen und beide in den spannungsvollen Dialog zwischen Fenstersturz und Dachrinne einbezogen werden – dann befinden wir uns im Feuilleton einer anspruchsvollen Zeitung, da, wo die Kritiker der bildenden Künste und der Musik ihrer sauren Arbeit nachgehen, das eigentlich Unaussprechliche dennoch sagbar zu machen.

Das mag ja gelingen – wie es Robert Schneider in «Schlafes Bruder» gelungen ist, die Orgelimprovisationen des vermeintlichen Dorftrottels Johannes Elias Alder in einen Orkan der Worte zu verwandeln, oder Thomas Mann im «Doktor Faustus», den stotternden Schulmeister Wendell Kretzschmar eine Stunde lang erklären zu lassen, warum Beethoven zu seiner Sonate opus 111 keinen dritten Satz geschrieben habe.

Der Kritiker aber soll dergleichen an einem Vormittag leisten, hundertmal im Jahr, im Korsett der Zeilen und Termine! Das Problem soll er lösen, vor dem der spanische Philosoph Ortega y Gasset kapitulierte: «Das Schicksal, unsagbar zu sein, teilt das Höchste mit dem Niedrigsten: Weder Gott noch die Farbe dieses Papiers kann mit Worten beschrieben werden.»

Unerschrocken schreibt der Kritiker zum Beispiel: «In der raumfüllenden Installation ‹Aufgefangene Augenblicke› mit Gipsschalen auf Eisenfüßen eröffnet der uneindeutige Hinweis auf die menschliche Gehirnschale ein weites Assoziationsfeld» («Stuttgarter Zeitung»).

Solchermaßen zum Assoziieren aufgerufen, fragt sich der Leser, wie sich das Uneindeutige zum Zwei- und Vieldeutigen verhalten mag, ja, ob ein eindeutiger Hinweis das Assoziationsfeld verengt oder gar eskamotiert haben würde (jener Leser nämlich, wie wir uns ihn als würdigen Partner des Schreibers wünschen müssen). Über Georg Baselitz konnten wir in der «Frankfurter Allgemeinen» erfahren, er erstrebe «eine Selbstermächtigung der Malerei aus der Negation des Motivs, an das sie gleichwohl obsessiv gebunden bleibt», und unseren Wunschleser hören wir assoziieren: von der Negation besessen, durch Negation zu sich selbst ermächtigt, siebendeutig klar wie Gips! Da ist es ganz ungerecht, dass das amerikanische Nachrichtenmagazin «Time» sich über den «pompösen Schwulst» *(the turgid hyperbole)* der deutschen Kritiker mokierte. Wie sollte man denn anders schreiben über Rudolf Kelterborns Sinfonie IV als die «Neue Zürcher Zeitung»: «Grundzug des vielgestaltigen Stücks ist ein Adagio-Gestus, Kontrast bildet das hauptsächliche Gestaltungsmittel: Eine weitschweifende, thematische Melodik wird einer dichten, körperhaften Gestik gegenübergestellt, Expansion der Kontraktion, Motorik statischen Flächen, ein heller Klang dunklen Passagen. Metaphorisches scheint auf, und spätestens der resignative Schluss …»

Schluss. Es wäre kleinlich zu monieren, dass «resignativ» ein hässliches Modewort für resignierend sei oder dass die Floskel «Metaphorisches scheint auf» Appetit auf jene Metaphern mache, die der Autor kokett im Ungenannten versacken lassen möchte. Doch wie ungerecht! Da liefere einer erst einmal etwas Besseres, in Zeilenvorgaben eingeklemmt, von Paradigmenwechseln heimgesucht, von surrealer Wortmagie umsponnen und bei alldem vor die Aufgabe gestellt, Leser zu sättigen mit einem erzählten Mittagessen!

Natürlich, es hält sich die Behauptung, etwas weniger vom Galaktischen durchwabert ließe sich schon schreiben über Musik und Malerei – falls der Autor sich nur abgewöhnte, mit den Äolsharfen seiner Prosa allein auf Galeristen und Museumsdirektoren zu zielen oder auf die ausübenden Musiker und die Kritikerkollegen. Vielleicht könnte er dann statt zwei Prozent der Leser fünf erreichen und damit Verständnis wecken, Zugang schaffen, statt sich im Elfenbeinturm einzuriegeln. Aber er müsste es wollen.

Vielleicht will das ja nicht einmal unsereiner. Vielleicht würden wir sie vermissen, diese aller Bodenhaftung spottenden Sprachkunstwerke wie im «Kölner Stadt-Anzeiger»: «In der jüngeren Variante bevorzugt Boulez mit den drei Flöten als Protagonisten ein in seiner unablässigen Dichte dennoch eher monochromes Bild, während in der früheren Gestalt die der Elektronik unterworfene Midi-Flöte in Partnerschaft mit nur wenigen Instrumentalisten subtilste echohafte, ja geheimnisvolle Klangschleier zu weben scheint.» Unser Wunschleser assoziiert: aus drei Flöten ein monochromes Bild – warum nicht aus drei Bildern ein trunkenes Fagott? (Ebensolche Ausschweifungen der Phantasie nennt man ja «assoziieren».)

So wollen wir das. Schließlich kann man die Schlichtheit in der Sagbarmachung prozesshafter akustischer Sachverhalte auch übertreiben – wie einst der Satiriker Julius Stettenheim, der von 1878 bis 1904 aus Berlin regelmäßig über selbsterfundene Kriege berichtete, zum Beispiel so: «Die Kanonen machten bum bum! Nur natürlich viel lauter.» Nein, das ist bar allen Webens, Waberns und Ästhetisierens. Auch wenn es im Informationsgehalt mit manchem wetteifern könnte, was da metaphorisch aufscheint in kokettem Gips.

9

Vom Christinnen- und Christentum

Ja, die Frauen werden in der Sprache benachteiligt. Ja, die patriarchalische Gesinnung unserer Ahnen ist in unserem Wortschatz tief verwurzelt. Ja, die feministische Bewegung tat recht daran, dafür zu plädieren, dass wir uns um mehr sprachliche Symmetrie bemühen und das weibliche Geschlecht überall sichtbar oder hörbar machen sollten. Aber nun ist es genug.

Es wird nämlich offenkundig, dass die gesamte Sprachgemeinschaft für das legitime Bestreben der Frauen einen Preis zu zahlen hat, und es muss erlaubt sein, im Licht der Erfahrung diesen Preis zu hoch zu finden. Der Preis besteht darin, dass der entschlossene Feminismus die Sprache umständlich und bürokratisch macht bis an den Rand der unfreiwilligen Komik – und dass die letzte Konsequenz trotzdem nicht erreichbar ist.

Gut, da haben sich also in Basel «Fasnächtlerinnen und Fasnächtler» amüsiert, und in Wien fand ein Treffen von Oberösterreicherinnen und Oberösterreichern mit Niederösterreicherinnen und Niederösterreichern statt. Aber wollen wir ernstlich von Finninnen und Finnen lesen, von Bosniakinnen und Bosniaken, von Neheim-Hüsterinnen und Neheim-Hüsterern? Und wer soll einen Text ertragen wie den eines österreichischen Gesetzesentwurfs: «Der Studiendekan/ die Studiendekanin hat den/die Universitäts/Hochschullehrer/in, der/die den/die Verfasser/in einer Dissertation betreut hat, jedenfalls zu einem/r Beurteiler/in zu bestellen.»

Oder den eines Antrags der Grünen im Hessischen Landtag: «Sind die Schulleiterin oder der Schulleiter, ihre planmäßige Vertreterin oder ihr planmäßiger Vertreter oder seine planmäßige Vertreterin oder sein planmäßiger Vertreter und Abwesenheitsvertreterin oder der Abwesenheitsvertreter der planmäßigen Vertreterin oder des planmäßigen Vertreters gleichzeitig länger als drei Tage abwesend, so ist die Schulaufsichtsbehörde …»

Was ist das: Botokudisch? Oder der Einzug der Logarithmentafel in die deutsche Stilistik? Ist das ernst gemeint ohne Witterung dafür, dass man sich damit dem Gespött aussetzt? Oder wäre es eine Karikatur von Macho-Hand, um den Feminismus durch Albernheit zu töten?

Was immer die Motive – das Resultat sind Sätze, die keiner sprechen kann und keiner lesen mag. Wer dem Sprachgebrauch kein Schlupfloch lassen will, wird die Sprache ersticken. Es ist nicht möglich, ihren patriarchalischen Ursprung aus ihr herauszuoperieren, ohne sie selbst dabei umzubringen.

Wie weit wollen wir denn gehen? Sollen sich die Frauen den Führerschein noch länger gefallen lassen und die Männer den Sündenbock, den Hanswurst und den Hampelmann? Führerinnenschein auch für Hampelfrauen und Sündenziegen, das wär's doch! Ist der Bürgermeister nicht zugleich ein Bürgerinnenmeister und die Meisterschaft nicht oft eine Meisterinnenschaft? Müsste das Schild nicht lauten «Vor Taschendiebinnen und Taschendieben wird gewarnt»? Und wie verzeihen wir es der Weltgeschichte, dass sie 1789 zusammen mit der Freiheit und der Gleichheit die Brüderlichkeit auf den Schild hob – weiblichen Geschlechts zwar, aber doch unter provokanter Ignorierung der Schwesterlichkeit (sprachliche Symmetrie) oder der Geschwisterlichkeit (Geschlechtsneutralität)?

Selbst nach dem totalen Umpflügen der Sprache würden Wörter übrig bleiben, an denen der Feminismus zerschellt: die Geisel, auch wenn sie ein Mann, der Gast, auch wenn er eine Frau ist (denn «Gästin» sagen nur die Verbohrtesten). Noch nie hat das sprachliche Geschlecht mit dem biologischen übereingestimmt. Schon «das Weib» ist ein Skandal, die Eselsmilch natürlich ebenso. Was wäre weiblich an der Rhône und männlich am Rhein? Haben die Vögel drei Geschlechter, weil wir der Spatz, die Amsel und das Rotkehlchen sagen? Macht es uns Probleme, unter den Katzen auch die Kater zu verstehen? Oder glaubt irgendjemand, in der Einwohnerstatistik wären die Frauen nicht mitgezählt?

Liebe Feministinnen und Feministen: Ihr habt den Bogen überspannt. Noch zwei oder drei *pressure groups*, die mit ähnlicher Besessenheit an der Sprache fummeln, und sie ist zur Verständigung nicht mehr geeignet, geschweige denn zur Literatur. Liebe Anwälte und Anwältinnen des geschlechtsneutralen Sprachgebrauchs in Behörden, Verbänden, Redaktionen: Die Beflissenheit, mit der ihr die Mürzzuschlagerinnen ins Feld führt, streift manchmal das Peinliche. Die Mürzzuschlager haben nicht darauf gewartet und am Ende nicht einmal die Mürzzuschlagerinnen.

Etwas mehr Gelassenheit würde uns guttun, und Augenmaß ist nie ein Fehler. Die Sprache wird die Frauen nicht retten; lassen wir's doch nicht so weit kommen, dass wir die Sprache vor den Frauen retten müssen. Gleiche Chancen für Frauen, für gleiche Arbeit gleicher Lohn: Dafür lohnt sich zu kämpfen. Das ist das Feld, auf dem die Liebe zum/zur Nächsten sich bewähren kann und mit ihr das Christinnen- und Christentum.

10

Lob der Festrede

Die Festrede hat eine schlechte Presse. Nichts ist wohlfeiler, als ihr hämisch nachzuweisen, dass sie langweilig, geschwätzig und geschwollen sei. «Dem Gedanken geht die festliche Rede aus dem Weg», schreibt der Kulturhistoriker Hermann Glaser. «Was gemeint ist, bleibt unklar; wahrscheinlich ist überhaupt nichts gemeint.»

Wie ungerecht! Natürlich, wir kennen alle jene Redner, die auf Gemeinplätzen einen schrecklich langsamen Walzer tanzen; die ihre Wörter einspeicheln und in der Mundhöhle zum Salat anrichten; die, statt zum herbeigesehnten Ende zu kommen, die Drohung ausstoßen: «Bevor ich zum Schluss komme, will ich noch …» oder gar «Lassen Sie mich eine erste Zwischenbilanz ziehen», wenn die Zuhörer meinten, die Schlussbilanz wäre der Rede schon vor zehn Minuten ziemlich gut bekommen.

Selbst schlechten Festrednern aber bleibt zuzubilligen, dass man von ihnen etwas fast Unmögliches verlangt – ein Umstand, der die gute Festrede desto bewunderungswürdiger macht. Nicht zu lang soll sie sein; freilich nicht so kurz, dass es der Würde des Anlasses unangemessen wäre; wiederum so lang natürlich, dass alle Honoratioren begrüßt und ihre Anliegen gewürdigt werden können.

Wenn die Rede folglich weder kurz noch lang sein darf, so muss sie doch kurzweilig sein – nur bitte nicht um den Preis satirischer Anmerkungen zu den Honoratioren oder ihren rühmlichen Anliegen. Unbedingt muss der Redner das von allen Erwartete sagen – vorausgesetzt, dass die Festrede das Unerwartete enthält, weil nur dadurch die Gäste am Gähnen gehindert werden können.

Falls ein Redner scheitert, so sollte man ihm also wahrlich keinen Vorwurf machen: Zu solcher Akrobatik ist der Mensch eigentlich nicht geschaffen. Und dabei hat selbst der scheiternde Festredner, der Langweiler und Einspeichler, immer noch zwei nützliche Funktionen: Er hilft, die kaum erträgliche Peinlichkeit eines *stummen* Festaktes zu vermeiden, und er trägt seinen Teil dazu bei, dass die Welt zusammenhält. Das klingt wie Aberwitz, doch es ist wahr, und mit einem Abstecher nach Tibet und in die Südsee lässt es sich auch anschaulich machen.

Was geschieht denn nach lamaistischem Glauben, wenn tibetische Mönche ihre Gebetsmühle drehen? Die segenspendende Kraft der Formel «Om mani padme hum» soll dadurch zum Heil der Menschheit vervielfacht werden. Wer also während einer Festansprache immer nur «Om mani padme hum» verstünde, hätte gegen die Rede keinen ernstlichen Einwand erhoben.

Auf der Südseeinsel Dobu hatte der Gebetsfleiß seinen Weltrekord erreicht: Das Leben der Insulaner war ausgefüllt vom Murmeln magischer Sprüche. Nicht einmal die Früchte auf dem Feld konnten wachsen, wenn nicht Tag und Nacht ein Mitglied der Familie am Rand des Feldes betete; und wer das Gegenteil ausprobieren wollte, der hätte erlebt, dass der Medizinmann kam, um die Früchte eigenhändig auszureißen – womit dann bewiesen gewesen wäre, dass Früchte ohne Gebete nicht gedeihen.

Ist es so viel anders, was da Tag für Tag in den Parlamenten zu Berlin, Wien, Bern, Straßburg geschieht oder in der Vollversammlung der Vereinten Nationen oder sonntags landauf, landab in allen Hochburgen der Zivilisation? Kommt es denn wirklich darauf an, ob sie geistvoll sind oder gar etwas bewirken, diese immer gleichen Reden über die immer selben Sachen, deren Protokolle langsam die Gewölbe sprengen? Ist nicht vielmehr der Mensch jener plappernde Primat, der von dem Gefühl durchdrungen ist, er habe den Weltlauf mit Wörtern nachzuzeichnen, und ein unbeschwatztes Leben wäre der Tod? Sollte der alte Satz «Ich denke, also bin ich» nicht durch die Formel «Ich spreche, also bin ich» ersetzt werden, zumal da man sich des Sprechens sicher sein kann, des Denkens aber nicht?

Selbst einem schlechten Festredner sollten wir dankbar sein: Er trägt dazu bei, den erdumspannenden Redestrom zu speisen, der uns erst zu Menschen macht. Und noch dazu bemüht er sich redlich, unsere Seele zu erheben, bevor die Bäuche auf ihre Kosten kommen: Man isst ja mit besserem Gewissen, wenn man zuvor die Leistung erbracht hat, einer ungeliebten Rede zu lauschen; ein Ablauf, den einst das «Fest der vier Nationen» in Lausanne genial beschleunigte, indem es zum Thema der Festreden die kulturelle Bedeutung der Kochkunst nahm.

Und nun gar die *gute* Festansprache! Wie viel unendlich Wahres wird da ausgesprochen, einfach weil es einmal gesagt werden musste. Lasst uns ein Europa des Herzens bauen! Lasst uns die Chancen der systemöffnenden Zusammenarbeit kraftvoll nutzen! Lasst uns die Vielfalt nicht als Zustand unverbindlichen Wohlwollens verstehen, sondern sie durch Taten verwirklichen! Die überdauernden Werte! Die selbstlose Hingabe an das große Ziel! Vor einer «Europäischen Evangelischen Versammlung zur interkonfessionellen Gesprächsführung» (einer überaus festlichen Veranstaltung, wie man leicht heraushören kann) schoss der österreichische

Delegierte den Vogel ab mit dem königlichen Satz: «Der Dialog darf nicht aufhören, weil wir sonst die Geborgenheit der Handlungsverhinderung verlieren.»

Wer solche Reden nicht genösse, der hätte unrecht getan – dem Redner wie auch dem Autor dieser Zeilen in seinem hohen Respekt.

11

Von Zwecken und Dampfhühnern

Statt am Ball zu bleiben, schoss der Politiker ein Eigentor, wofür der Präsident ihm die rote Karte zeigte; er warf jedoch nicht das Handtuch, sondern er bewies Nehmerqualitäten und verbat sich weitere Schläge unter die Gürtellinie. Trotzdem endete er «unter ferner liefen ...». Wer Karriere machen will, teilt mit, dass er in den Renngalopp zu fallen wünscht – und was wäre das Internet ohne die, die in ihm oder durch es surfen?

Von jeher haben wir unsere Metaphern, die Übertragungen eines Wortsinns in eine ihm ursprünglich fremde Sphäre, dem entnommen, was uns gerade beschäftigt: die Stichprobe den Hochöfen des 16. Jahrhunderts, die Fundgrube und den Raubbau der Bergmannssprache. Wir geben Gas nicht nur im Auto, und müde Geschäfte werden noch immer «angekurbelt», obwohl das bei Autos seit fast hundert Jahren nicht mehr nötig ist. Für unsere zahlreichen militärischen Metaphern ist ein Friedensprozess nicht absehbar: Da wird noch immer vorgeprescht und in die Offensive gegangen, und Verkaufskanonen führen keine Rückzugsgefechte.

Solch spielerischer Umgang mit der Sprache hat auch Schwachsinn hervorgebracht und tut dies noch. Die Übertragung kann allzu gekünstelt sein, so, wenn Rilke reimte:

Da bohrte sich mit wonnewilder Kraft
Aus deines Herzens weißem Liliensamen
Die Feuerlilie der Leidenschaft.

Die Vermengung von Metaphern wiederum – eine Lieblingsbeschäftigung von Journalisten und Politikern – erzeugt meist
unfreiwillige Komik: «Der Platzhirsch musste Federn lassen»
oder «Mit dem habe ich noch ein ernstes Huhn zu rupfen».

Solchen Risiken steht die Chance gegenüber, dass die Metapher unsere Ausdrucksmöglichkeiten radikal erweitert. Da
tauchte plötzlich nicht nur ein Frosch auf, sondern auch eine
Idee, da begriffen wir nicht nur Holz, sondern auch einen anderen Standpunkt; da lösten wir nicht nur Schmutz, sondern
auch Probleme. Aus alten Wörtern neuen Sinn herauszulo-
cken ist die typische, oft die einzig mögliche Art, unvermutete
Erfahrungen ins Wort zu bannen und bloße Ahnungen zu Begriffen zu verdichten, also die Grenzen des Sagbaren hinaus-
zuschieben.

Wie sehr die Sprache von Metaphern durchdrungen ist,
auf welchen verschlungenen Wegen da so manches Wort von
Bedeutung zu Bedeutung hüpfte, das machen wir uns selten klar. Das *Bureau* war ursprünglich ein grober Wollstoff,
dann auch der Schreibtisch, der damit bespannt war, dann
der Raum, in dem die Schreibtische stehen, schließlich der
Arbeitsplatz derer, die die Schreibtische benutzen; und Bürokraten sind keineswegs Menschen, die über Wollstoffe herr-
schen.

Ihre wichtigste Rolle spielt die Metapher dort, wo sie und
nur sie das Neue sagbar macht. Wie hätte der mährische Au-
gustinermönch Gregor Mendel das Gesetz benennen sollen,
das er entdeckte? Kühn übertrug er darauf ein Wort, das seit
Jahrtausenden nur juristisch verwendet worden war: vererben.
Wie sollte man den qualmenden Schienenwagen taufen, für
den gelehrte Herren später den hässlichen Namen «Lokomo-
tive» erfanden? Dampfross, sagten die Leute. Und mit der
Metapher Dampfhuhn *(steam chicken)* versuchten nordame-

rikanische Indianer das Zeug, mit dem sich der weiße Mann nun auch noch in die Luft erhob, sprachlich zu bewältigen.

Dampfross und Dampfhuhn haben sich nicht durchgesetzt, wie schade. Ob eine Übertragung Chancen hat, weiß man erst hinterher. Goethe irrte sich, als er 1831 Eckermann belehrte: «Wie kann man sagen, Mozart habe seinen ‹Don Juan› komponiert! Als ob es ein Stück Kuchen oder Biskuit wäre, das man aus Eiern, Mehl und Zucker zusammenrührt!» Erfolgreich wie im 19. Jahrhundert der Komponist war im 20. Jahrhundert der *sky scraper*, Himmels-Schaber, 1908 in New York geprägt, als das 187 Meter hohe Singer Building in eine Dimension vorstieß, für die man das Wort «Hochhaus» als zu schwach empfand.

Viel Erfolg sollten wir einer Metapher wünschen, die um den Globus geht, seit der sowjetische Sputnik 1957 das Zeitalter der Raumfahrt eröffnete: Raumschiff Erde. Nun konnten wir ja auf Fotos sehen, was wir bis dahin nur theoretisch gewusst hatten – dass die Erde eine Kugel ist, eine unter Billionen im All und noch dazu eine verhältnismäßig kleine. «Raumschiff», da tritt die Begrenztheit unseres Planeten als Bild in zwei Silben vor uns hin, da fühlen wir uns eher als durch Proklamationen aufgerufen, vielleicht nicht mehr so großkotzig mit der alten Erde umzugehen.

Ja, sie vermögen viel, die Wörter. Man braucht sich nur zu vergegenwärtigen, dass der Reißzweck im Zentrum der Schießscheibe des Armbrustschützen zum Zweck überhaupt geworden ist und unsere Philosophen befähigt, dem Endzweck des Universums nachzugrübeln.

12

Wie man einen Text mit Punkten tötet

Eine Seuche geht um im deutschen Sprachraum. Es ist die Seuche der Punkte. Die meisten Mitmenschen unter 30 sucht sie seit ein paar Jahren heim; fünf weitere schöne Satzzeichen hat sie abgetötet, nur das Komma lässt sie leben, doch oft torkelt es besoffen durch den Text. Ältere Leute sollten das zur Kenntnis nehmen, die jüngeren aber sich darüber klar werden, dass sie zweierlei Schaden anrichten: Sie machen die Sprache ärmer, und ihren Lesern vergällen sie die Lust (was sie hoffentlich ein bisschen irritiert). In Rede steht nicht die Pedanterie, sondern jenes Quantum atmender Lebendigkeit, die sich einem geschriebenen Text allenfalls einhauchen lässt.

Beim Sprechen heben und senken wir die Stimme, wir werden lauter und leiser, schneller und langsamer, wir können einzelne Wörter herausheben, andere ironisch färben, wir können seufzen oder tragisch deklamieren. Wenn wir diese hunderterlei Schattierungen von Farbe und Klang in den geschriebenen Text hinüberretten wollen, stehen uns genau sieben Zeichen zur Verfügung: . , ; : – ! ? Welch schreckliche Armut! Viele Schriftsteller haben das beklagt, Ernst Jandl hat Tempobezeichnungen an Gedichte geschrieben, die französischen Lettristen haben Buchstaben für Lispeln, Röcheln, Grunzen erfunden.

Was also läge näher, als wenigstens von diesen sieben Zeichen einen gescheiten und lebhaften Gebrauch zu machen? Haben wir nicht Chancen verschenkt, wenn eine ganze Seite nicht jedes der sieben wenigstens einmal enthält? Wer watet schon gern durch zähes Blei, wenn ihn nicht hin und wieder ein Zuruf, die kleine Spannung einer Frage, das federnde Scharnier eines Doppelpunktes tröstet?

Doch all das ist nicht mehr modern. Junge Leute – sogar Germanisten eingeschlossen – schreiben überwiegend: «Wann kommst du, fragte er» oder «So nicht, schrie sie ihn an», obwohl wir doch ein Frage- und ein Schreizeichen in unserem kargen Vorrat haben, die dem Leser das optische Signal «Stimme heben!» geben und für fröhliche Bewegung sorgen könnten.

Während . ! ? einen Gedanken für vorläufig beendet erklären, haben die vier anderen Satzzeichen die willkommene Eigenschaft, dem Leser mitzuteilen, dass eine zweite Hälfte meiner Botschaft ihn erwartet. So der Doppelpunkt. Doch was liest man immer häufiger? «Ich mache einen Vorschlag. Wir reisen schon morgen.» Der Doppelpunkt gäbe das Signal: Und nun kommt er, der Vorschlag! Meine Aussage hat zwei Hälften, die zweite ist die Folgerung aus der ersten, und genau dafür hat der liebe Gott den Doppelpunkt erfunden. Dass er logisch zwingend ist, muss nicht jedermann beeindrucken; aber dass er dem Leser eine Brücke baut, ihn einlädt: Lies weiter, die Erklärung folgt sogleich! Das ist nicht nur höflich gegenüber dem Leser – es ist auch zweckmäßig für den Schreiber: falls er nämlich gelesen werden möchte; falls er Wert darauf legt, seinen Text durch Lebendigkeit aus dem toten Meer der allzu vielen Buchstaben herauszuheben.

Eine ähnlich willkommene Brücke baut der Gedankenstrich, wie der fünf Zeilen weiter oben: Lies weiter!, sagt auch er, die andere Hälfte kommt erst, vielleicht sogar die Hauptsache, die alles erklärt! Welcher Leser verfiele ausgerechnet beim Gedankenstrich auf die Idee, mit der Lektüre aufzuhören? Es ist der Punkt, der dazu einlädt, die Stimme zu senken und eine Pause einzulegen; manchen Leser wirft er aus dem Text wie der Fernsehspot den Filmbetrachter.

Auch das Semikolon verbindet, es lässt einen elastischen Übergang zwischen zwei halben Gedanken zu, es ist eine willkommene Stufe zwischen dem hurtigen Komma und dem abschließenden Punkt. «Was das Glockenläuten zur Ruhe der Verstorbenen beitragen mag, will ich nicht entscheiden; den Lebendigen ist es abscheulich» (Georg Christoph Lichtenberg). Das Komma trennt nur den einleitenden Nebensatz vom Hauptsatz ab; das Semikolon sagt dem Leser zweierlei: Hier findet eine größere Zäsur als beim Komma statt; und der Hauptsatz, der nun folgt, enthält erst jene Fortsetzung meines Gedankens, ohne die der erste Hauptsatz unvollständig wäre. «Der freiwillige Verzicht auf Satzperioden, in denen zwei Semikolons vorkommen, ist nicht nur ein Verzicht auf Zeichensetzung, sondern ein Verzicht auf Denkvorgänge», schreibt Günter Grass.

Und schließlich ist auch das bloße Komma noch ein Bindeglied. «Balken krachen. Pfosten stürzen. Fenster klirren. Kinder jammern. Mütter irren», das hat Schiller *nicht* geschrieben, sondern: «Balken krachen, Pfosten stürzen, Fenster klirren …» Muss man sich darüber streiten, dass durch die Kommas eine völlig andere Sprachmelodie entsteht, dass es nicht gleichgültig ist, ob ich eingeladen werde, die Stimme fünfmal zu heben und weiterzulesen, statt sie fünfmal zu senken und zu pausieren? Kurze Sätze werden selbstverständlich durch Kommas getrennt! Doch die unter Dreißigjährigen schreiben lieber: «Das ist falsch. Wofür haben wir einen Punkt. Soll er doch meinen Text in Stücke hacken. Ich liebe ihn.»

Und nicht nur statt der anderen sechs Satzzeichen ver-

wenden sie den Punkt im Exzess, sondern gern auch dort, wo
überhaupt kein Zeichen hingehört: «Die Menschen hungern.
Und haben keine Hoffnung», liest man in einer Illustrierten.
Ja doch. Das ist eine erlaubte Stilfigur. Einmal auf zwanzig
Seiten. Aber nicht zehnmal auf einer. Macht nur so weiter.
Wir hören eben auf, euch zu lesen. Irgendwie.

13

Heimweh nach der Zensur

Viele Schriftsteller in Ostdeutschland und Osteuropa haben bekundet, dass sie unter der Freiheit leiden; auch Maler und Kabarettisten trauern den Verboten nach. Denn sie zu überlisten spornte den Geist an und zog den Beifall nach sich. Wer zwischen 1961 und 1989 auf einer Theaterbühne in Ostberlin drei Mauersteine aufeinanderlegte und dann darüberstieg, der provozierte jenen halbunterdrückten Jubel, den in freien Ländern keiner kennt und der selbst den bescheidenen Einfall adelte. Die traurige Wahrheit lautet: Zensur kann das Publikum dankbar und die Künstler fruchtbar machen.

«Ach! Ich kann nicht mehr schreiben, ich kann nicht, denn wir haben keine Zensur! Wie soll ein Mensch ohne Zensur schreiben, der immer unter Zensur gelebt hat? Aller Stil wird aufhören, die ganze Grammatik, die guten Sitten!» Heine rief das 1848, nachdem im Deutschen Bund die Zensur aufgehoben worden war. Seine Lust an der Überspitzung mag daran beteiligt gewesen sein. Aber Kurt Tucholsky schrieb 1919, der Satiriker fühle sich am wohlsten, «wenn ihm ein Zensor nahm, zu sagen, was er leidet. Dann sagt er's doch, und wie er es sagt, ohne es zu sagen – das macht schon einen Hauptteil des Vergnügens aus.»

Ja, so ist das wohl. Der in Deutschland populärste Kabarettist der Nazi-Ära, Werner Finck, bekannte, dass er diese Zeit in gewisser Weise genossen habe. «Nie war die Kunst der geschliffenen politischen Spitze lebensgefährlicher als damals»,

55

schrieb er 1982, «niemals aber auch so reizvoll. Deshalb hat mich das Nachdenken über meine Möglichkeiten in einem wahrhaft demokratischen Staat etwas beunruhigt. Denn wenn der schwindelnde Abgrund unter dem Seil, darauf die Worte halsbrecherisch balancieren müssen, abgeschirmt ist durch das Sicherheitsnetz einer liberalen Gesetzgebung: Wird dann einer der vielen noch zuschauen wollen, denen früher das gleichgeschaltete Hasenherz stehenblieb, wenn man die Balance zu verlieren schien?»

Damals, 1934, rief Finck von der Bühne herab zwei mitschreibenden Herren in Ledermänteln leutselig zu: «Kommen Sie mit, oder soll ich mitkommen?» Und nachdem sein Cabaret für ein paar Tage geschlossen worden war, begrüßte er das Publikum mit den Worten: «Gestern war hier zu. Heute ist hier offen. Sind wir heute zu offen, ist morgen wieder zu.»

Mit so moderatem Aufwand so viel Applaus zu ernten war nur möglich, wo der Sprecher und sein Publikum sich als gemeinsame Verschwörer gegen ein Tabu empfanden. Zensur macht den populär, der ihr listig zu trotzen weiß.

Die Zensurbehörde trägt das ihre dazu bei, dem Künstler Selbstwertgefühl und Status zu verleihen. Der Dichter Ossip Mandelstam soll, bevor er in Stalins Gulag starb, im Galgenhumor gesprochen haben: «Russland ist das einzige Land, wo man für ein Gedicht erschossen wird.»

Und nun die Freiheit! Sowjetische Protestlyriker mussten erkennen, dass sie ihre Popularität der Unterdrückung verdankten – und dass die Meisterwerke, die sie zu schreiben versprachen, sobald das Wort frei sei, ihnen nicht aus der Feder fließen wollen. Der Dresdner Maler Eberhard Göschel seufzte 1990: «Die Kunst ist nicht mehr subversiv. Wir waren zeitweise geduldet, wurden aber auch mehrmals bedroht.» Da habe er sich oft gefragt, wann er im Zuchthaus landen werde. «Heute stehe ich am Morgen auf – und es ist nichts.»

Auch entschuldigt die Zensur die schwache Leistung. Als in Österreich 1848 die Zensoren eine Zeitlang arbeitslos geworden waren, ließ Nestroy den Zeitungsschreiber Eberhard Ultra seufzen: «Es war halt eine Schöne Sach', wenn einem nichts eing'fallen is und man hat zu die Leut' sagen können: ‹Ach Gott! Es is schrecklich, sie verbieten einem ja alles.›»

Eine Wirkung der Zensur aber muss man wohl bejahen, wenn auch zähneknirschend: dass sie oft den Schreiber zu Leistungen emportreibt, zu denen ihm sonst der Anstoß gefehlt hätte. Der ostdeutsche Dramatiker Heiner Müller schreibt in seiner Autobiographie, jedes Verbot eines seiner Stücke habe in ihm die Kraft freigesetzt, das nächste zu schreiben. Über Bert Brecht sagt Müller, fast wäre er ein bloßer Erfolgsautor geworden; «aber gottseidank kam Hitler, dann hatte er Zeit für sich».

Das sind kühne Thesen und schreckliche Zusammenhänge. Trösten wir uns mit einer milderen Form des Ansporns durch Zensur: dem Esprit, der ohne sie dem Autor nicht abgefordert worden wäre. Billy Wilder erzählt die Geschichte, wie er, 1933 aus Berlin nach Amerika geflohen, in einem seiner ersten Drehbücher das amerikanische Universalschimpfwort *son of a bitch* verwendete – irgendwo zwischen «Schuft» und «Rindvieh» angesiedelt, wörtlich aber «Sohn einer Hündin». Da erfuhr er, dass dieser Fluch in Hollywood auf dem Index stand, und so ließ er seinen Schauspieler sagen: «Wenn du eine Mutter hättest, würde sie bellen!» Die Zensur hatte eine Gehirnwindung mehr erzwungen, aus dem abgenutzten Schimpfwort ein frisches gemacht, dabei den Grad der Beschimpfung drastisch gesteigert, und die intelligentere Hälfte des Publikums, die List erkennend, brüllte vor Vergnügen.

Ob einer große Kunst oder witzige Dialoge liebt, er steht vor dem Problem: Gibt es Möglichkeiten, die Geistesblitze leuchten zu lassen, die die Zensur gezündet hat – ohne dafür die Finsternis in Kauf zu nehmen, die sie zwischen den Blitzen verbreitet? Ein paar gibt es. Darüber mehr im nächsten Stück.

14

Qualität kommt von Qual

Im ganzen bin ich mit Ihnen unzufrieden», schrieb Jacob Burckhardt 1856 an einen jungen Schriftsteller. «Sie schmeißen die Sachen noch immer so hin und lassen sie liegen, wie es kommt. Mit Ausnahme des jugendlichen Goethe hat aber keiner ungestraft geschmissen. *Er* durfte es, kraft höchst außerordentlicher Persönlichkeit. Es lässt sich ein größerer Dichter als er denken, der es doch nicht gedurft hätte.»

Da wurde ein Nachwuchstalent unbarmherzig auf jene Einsicht gestoßen, gegen die die meisten Schreiber und Redner sich sperren, weil sie wehtut und Arbeit macht: «Nichts ist schon deshalb gut, weil ich es hingeschrieben habe.» Junge Journalisten müssen das lernen; Vortragsredner, die es ignorieren, verbreiten Langeweile; Schriftsteller, die sich darüber erhaben fühlen, warten zu Hunderten auf den Verleger, umsonst.

Ob einer Weltliteratur produzieren, einen sauberen Artikel schreiben oder nur eine kurzweilige Rede halten will: Am Anfang steht das methodische Misstrauen gegen das eigene Produkt. Der Schweizer Schriftsteller Hermann Burger verlangte Prosa, die «in der Esse der Selbstkritik gehärtet» worden sei. Sogar von Selbstzensur könnte man sprechen: dem selbsterlassenen und selbstbefolgten Verbot, sich mit Schwächen, Schludrigkeiten oder leeren Worthülsen an die Öffentlichkeit zu wagen. Selbstzensur ist der Grundpfeiler der Qualität; ihre anderen Stützen heißen Druck und künstliche Erschwerung.

«Hume hat seine Geschichte von England dreimal abgeschrieben, ehe er sie in die Druckerei schickte», rühmte Georg

Christoph Lichtenberg. «So muss man es auch machen.» Hölderlin hat viele gerade seiner größten Gedichte als ein Labyrinth von Korrekturen hinterlassen, das es seinen Herausgebern oft unmöglich macht, die authentische Fassung zu ermitteln. Heine schrieb an seinen Verleger, seine Epen «Atta Troll» und «Wintermärchen» bedürften dringend der Überarbeitung, denn der Dichter sei ein Mensch, «dem die besten Gedanken erst hintennach kommen».

Flaubert rang um *le mot juste*, er sprach von den «grauenvollen Anstrengungen des Stils» und schuftete nach seinen Worten «wie sechsunddreißig Millionen Neger». Robert Musil arbeitete an seinem «Mann ohne Eigenschaften» mehr als zwanzig Jahre lang; er starb über der zwanzigsten Fassung des 178. von 251 Kapiteln. Kurz – fast alle großen Schriftsteller hätten in Schillers Seufzer einstimmen können: «Wüssten es nur die allzeit fertigen Urteiler und die leicht fertigen Dilettanten, was es kostet, ein ordentliches Werk zu erzeugen.»

Und das gilt für jeden ordentlichen Text, nicht nur für große Literatur. Für jeden Schreiber geht es um die Frage: Wie lässt sich die hoffentlich vorhandene grundsätzliche Einsicht im Einzelfall mobilisieren und gegen die Versuchungen der Trägheit durchsetzen? Drei Rezepte haben sich als wirksam erwiesen: abschreiben, laut lesen, Gegenleser suchen.

Niemand, der sich der Mühe unterzieht, einen eigenen Text noch einmal völlig abzuschreiben, überträgt ihn Wort für Wort. Die natürliche Faulheit legt Verkürzungen nahe, und die sind fast immer ein Gewinn; und wer einen Satz ohnehin neu niederschreibt, kann seine Formulierungen verändern, ohne sich die kleine Widrigkeit des Korrekturvorgangs zuzumuten, an der viele halbherzige gute Vorsätze zerschellen.

Wem das Abschreiben zu mühsam ist, der sollte seinen Text *laut* lesen. Es ist überraschend heilsam, das Geschriebene dem

Gehörtwerden auszusetzen: Aus bloßen Unebenheiten werden dabei Stolpersteine; bei hässlichen Rhythmen kracht es im Gebälk; und ohnehin sollte man keinen Text in die Welt entlassen, der sich nicht als sprechbar und hörbar erwiesen hat.

Die Gegenleser schließlich, die freiwillig installierte Fremdzensur durch Freunde, Kollegen, Experten: Fast regelmäßig entdecken sie Ungereimtheiten, die der Autor übersehen hat, und wenn sie eine Passage langweilig oder gar unverständlich finden, so sollte der Verfasser nicht mit ihnen rechten.

Eine sinnreiche Ergänzung der Selbstzensur und der bestellten Fremdkritik ist der Druck, der von außen kommt. Viele große Schriftsteller schrieben gegen permanente Armut oder unrettbare Verschuldung an wie Poe, Balzac, Dostojewski; Tausende von Journalisten können es sich nicht leisten, dem Chefredakteur einen Kommentar mit ihrer wahren Meinung anzubieten, und so wählen sie listige und oft geistreiche Wege, um wenigstens 60 Prozent davon ins Blatt zu mogeln. In ein paar Winkeln lauert auch in der freiesten Gesellschaft die Zensur – und damit der Ansporn, den Zensor mit hintersinniger Rhetorik einzuseifen.

Was schließlich den Nutzen der künstlichen Erschwerung angeht, so liefert das schönste Beispiel die Lyrik, die Strenge, die Versmaß und Reim verlangt. Viele der großartigsten Sprachleistungen wären nie ins Leben getreten ohne dieses Korsett. Das ist nichts für unsereinen, aber ein drastisches Indiz mehr, dass die Qualität von der Plage kommt – wie in Friedrich Rückerts Doppelreimen:

Aus den Tiefen riefen
Meine zagen Klagen
Zu den fernen Sternen
Die den droben loben.

15

«Bedenke wohl die erste Zeile!»

Wie grüßt der Bergwanderer? ‹Kein Problem›, denken viele. Schon falsch.» Eine kleine Verblüffung in drei kurzen Sätzen. Der Anfang einer Plauderei im Wochenmagazin der «Süddeutschen Zeitung». Die perfekte Lösung eines Problems, das viele nicht kennen und die meisten nicht lösen: Wie überliste ich die Menschen, die ich dafür gewinnen will, meinen Brief, meinen Artikel zu lesen – obwohl sie von einem riesigen Angebot an Lesestoff umzingelt sind, während sich gleichzeitig alles Geschriebene nur schwer gegen die Bilderwelt des Fernsehens und gegen den elektronischen Wortschwall behaupten kann?

Ob einer Journalist oder Schriftsteller ist, ob er einen Bewerbungsbrief schreibt oder einen Vortrag halten soll: Er tut gut daran, in den allerersten Sekunden um Interesse zu buhlen. Drei oder vier Zeilen haben die Nachrichtenagenturen zur Verfügung, um den Redakteur in Zeitung oder Radio zu fesseln: Nur wenn ihm dieser Textfetzen genug verspricht, holt er sich die komplette Nachricht auf den Bildschirm – eine Arbeitstechnik, die sich seit Einführung des Computers in vielen Redaktionen herausgebildet hat.

Das klingt nach ärgerlicher Oberflächlichkeit und entspricht doch einem typischen Leseverhalten überhaupt: Unsere Zeitungen und Zeitschriften sind längst so dick geworden, dass kaum noch ein Mensch jede Zeile liest. Vielmehr nimmt er ständig eine halbbewusste Güterabwägung vor: Wie verhält sich meine kleine Investition an Zeit und Zuwendung zu meinem mutmaßlichen Gewinn an Information, Unterhaltung, Überraschung? Meist hat er nach wenigen Zeilen entschieden, ob er weiterliest oder nicht. Werbetexter haben sogar die Erfahrung machen müssen, dass ihr Inserat den Leser entweder binnen einer halben Zeile einfängt oder nie.

Beim Hören sind wir etwas geduldiger: Im Radio entscheidet sich im Durchschnitt innerhalb von 17 Sekunden, ob sich der Hörer einem Wortbeitrag aufschließt oder ob er «abschaltet» – das Radio abstellt oder seine Aufmerksamkeit abzieht, das läuft aufs Gleiche hinaus. Auch wo der Zuhörer nicht entrinnen kann, bei einem Festvortrag nämlich: Da ist zumeist nach einer ähnlich kurzen Frist entschieden, ob er die Rede mag oder lieber schon beginnt, ans anschließende kalte Büfett zu denken.

Schön also, wenn der Vortragende sogleich Selbstironie anbietet und Kurzweil verspricht, zum Beispiel so: «Meine Freunde haben mich gefragt, ob ich nicht Lampenfieber hätte. Aber Lampenfieber kenne ich nicht. Die Lampen irritieren mich nicht im Geringsten. Sie sind es, das Publikum, das mich in Panik versetzt.» Ronald Reagan eröffnete eine Rede in Moskau mit dem königlichen Satz: «Ich werde mich an das halten, was einst Heinrich VIII. zu jeder seiner sechs Frauen sagte: ‹Ich werde Ihre Aufmerksamkeit nicht sehr lange in Anspruch nehmen.›»

Ironie gibt oft einen dankbaren Anfang ab. In der «Frankfurter Allgemeinen»: «Die Verwandtschaft zwischen Sport und Selbstverstümmelung ist sprichwörtlich; weniger bekannt sind die gefährlichen Nebenwirkungen des Musizierens.» Im Schweizerischen «Beobachter»: «Wanzen, Wespen und Würmer sind juristische Leckerbissen. Schon die rechtliche Zuordnung verursacht Probleme. Ist der Hundefloh – wie der dazugehörige Dackel – ein Haustier? Oder ein Untermieter? Oder bewegt er sich gar im rechtsfreien Raume?» Ein Porträt von Johannes Rau, langjährigem Ministerpräsidenten von Nordrhein-Westfalen, begann im «Spiegel» mit dem Satz: «Natürlich hat er das nicht so gemeint, *hat er ja nie.*» Kürzer und ironischer kann man nicht andeuten, dass von diesem Politiker kein klarer Satz zu erwarten war.

Bewerbungsschreiben unterliegen anderen Gesetzen als Vorträge und Zeitungsartikel – doch die Rolle der ersten Zeilen ist deshalb nicht geringer. Liest der Empfänger den kompletten Text, so wird er gleichwohl durch den Anfang des Briefes positiv oder negativ eingestimmt; häufen sich die Bewerbungen auf seinem Tisch, so soll es Personalchefs geben, die sich genauso verhalten wie die meisten Zeitungsleser auch: Wer sich nicht in den ersten Zeilen interessant zu machen verstünde, wer gar begönne: «Nach Überwindung einer Identitätskrise habe ich beschlossen, mich dem Berufsspektrum des Journalisten zuzuwenden», ichbezogen also und aufgeblasen – der hätte den ganzen Rest umsonst geschrieben.

Mal mehr, mal weniger verhalten sich die meisten so wie der russische Ballett-Impresario Sergej Diaghilew. Der sprach einst zu Jean Cocteau: «Erstaune mich – ich warte.» In dem Meer des Gedruckten und Gesendeten greifen wir dankbar nach dem Rettungsring eines ersten Satzes, der uns spüren lässt: Hier hat einer sich bemüht, uns nicht zu langweilen. Vielleicht hat er zynisch angefangen wie der amerikanische Schriftsteller Ambrose Bierce: «An einem Junimorgen des Jahres 1872 schlug ich meinen Vater tot – eine Tat, die damals tiefen Eindruck auf mich machte.» Vielleicht lässt er nur eine Wolke der Bedrohlichkeit aufziehen wie Hemingway in seiner Erzählung «Das kurze Glück im Leben des Francis Macom-

ber»: «Es war jetzt Essenszeit, und sie saßen unter dem doppelten grünen Sonnendach des Speisezelts, als wäre nichts
passiert.»

16

Sie, sie liegt mir am Herzen

Einst duzten einander Liebesleute, enge Freunde und Verwandte, Kinder, Arbeiter, Soldaten, Genossen und fahrendes Volk; duzen *lassen* mussten sich Sträflinge, Lehrlinge und Knechte. Heute sind fast alle Leute unter dreißig hinzugekommen, auch über dreißig die meisten Skifahrer, Fußballfreunde, Kneipengänger, Künstler, Werber sowie Professoren und Studenten, mindestens wenn es sich um Soziologen handelt; und vom Sträflings-Du ist das gelegentliche Hochmuts-Du gegenüber ausländischen Hilfskräften geblieben («Du nix krank!»).

Gottseidank gehen wir etwas ungezwungener miteinander um, sagen die einen; die anderen: Hier findet eine traurige Einebnung statt – obwohl wir zwischen Fremdheit und Vertrautheit, zwischen Antipathie und Liebe gern weiter unterscheiden möchten. Wie kam das Abdrängen der gehobenen Anrede in Gang, und was folgt daraus? Was habe ich davon, wenn der Chef statt «Sie Flasche!» nun «Du Flasche!» zu mir sagt? Ohne Mühe lassen sich ja mindestens fünf typische Arten unterscheiden, wie wir uns zu unseren Mitmenschen verhalten. Wir begegnen dem anderen mit Hass, Angst oder Verachtung; er ist uns gleichgültig, ein bisschen Distanz also willkommen; oder wir wollen Offenheit zum Gespräch signalisieren oder Sympathie bekunden oder gar Liebe. Dass sich diese fünf Abstufungen nur in zwei Anredeformen umsetzen ließen, war dürftig genug.

Die Form über dem Du hieß einst *Ihr*, erhalten in manchen Dialekten und uns aus Floskeln wie «Euer Gnaden» noch im Ohr. Im 18. Jahrhundert wurde unter Adligen und Bürgern das Ihr vom Sie verdrängt. Technisch war und ist das mit einem schlimmen Nachteil behaftet: Die Anrede *Sie* (Herr Meier) und die Personalpronomina *sie* (Frau Meier) oder *sie* (alle Meiers) klingen gleich, und wenn gar zwei von ihnen aufeinanderprallen, dann müssen Schreiber nachdenken und Leser scharf hinschauen, wenn sie den Sinn nicht durcheinanderbringen wollen.

Der Satz «Können SIE SIE sehen?» kann ja nicht weniger als zehnerlei bedeuten: Können Sie Frau Meier / die Meiers sehen? *(Sie sie)*. Kann Frau Meier / Können die Meiers Sie sehen? *(sie Sie)*. Kann Frau Meier Frau Müller – Frau Meier die Müllers – Frau Müller Frau Meier – Frau Müller die Meiers – die Meiers die Müllers – die Müllers die Meiers sehen? *(sie sie)*. Und selbst die Abfolge *Sie Sie* kommt vor: «Es irritiert mich, wenn Sie Sie sagen.»

Zum Absterben des Sie hat diese kleine Beschwer jedoch nichts beigetragen – eher schon eine andere Mühsal den Tod des Du im Englischen herbeigeführt: Die Angelsachsen betreiben ja, einem populären Vorurteil zuwider, seit dem 19. Jahrhundert das zwanghafte *Siezen*. Du hieß *thou* (mit au gesprochen) und zog in dieser sonst so flexionsarmen Sprache eine klangvolle, archaische Endung nach sich: Wo wohnst du? heißt bei Shakespeare: «Where dwellest thou?», und die Jesus-Frage «Was willst du, was ich dir tun soll?» lautet in der englischen Bibelversion: «What wilt thou that I shall do unto thee?» Noch in einem Roman von 1840 war zu lesen: «Thou wilt confide in me thy sorrows, as thou ever didst – wilt thou not, Leoline?»

Nein, Leoline will schon lange nicht mehr, und auf das zwanghafte Siezen der Englischsprachigen ist in den letzten

Jahrzehnten unter den Deutschsprechenden weithin das zwanghafte Duzen gefolgt. Selbst die schrumpfende Minderheit der Siezer hält es für ein bisschen altertümlich, wenn Thomas Mann seinen Settembrini auf dem Zauberberg sogar gegen das Faschings-Du protestieren lässt: Eine «widerwärtige Wildheit» äußere sich darin, ein liederliches, schamloses Spiel. Auch Traditionalisten beginnen auf Mischformen einzuschwenken, das Siezen mit dem Vornamen: «Das sollten Sie nicht tun, Theo» in Hamburg und «Claude, comment allez-vous?» in Paris. Andererseits genießt es, einer Umfrage in Deutschland gemäß, die Mehrzahl der Gymnasiasten immer noch, in das Alter einzutreten, indem die Lehrer sie siezen müssen.

Wie wird es weitergehen? 1993 stellte der «Spiegel» die Diagnose, das Sie sei wieder im Kommen, man ziehe zum Selbstschutz Grenzen; ja, richtig böse rückte das Blatt dem Du auf den Leib: «Wie eine Seuche» habe es sich ausgebreitet, als es vor zwanzig Jahren aus seiner angestammten Heimat ausgebrochen sei: den Wohngemeinschaften, Tanzsälen und Jeans-Boutiquen.

Doch das ist lange her – und dass ein Nachrichtenmagazin mal wieder einen Trend entdecke, ein überaus dürftiges Indiz dafür, dass es ihn auch gibt. Wäre da aber wirklich eine gegenläufige Bewegung im Gange: Sie könnte kaum mehr als ein Zacken in einer sinkenden Kurve sein. Die langfristige Entwicklung ist in dem Satz von Robert Walser ausgedrückt, Demokratie sei zu dem Recht geworden, «sich jedem und jeder gegenüber so zu benehmen, als kennte man ihn».

Weniger Titel, weniger Vorrechte – da wir das bejahen, können wir das Sterben des Sie, das naheliegenderweise damit einhergeht, nicht tadeln. Aber ein bisschen trauern dürfen wir – vielleicht sogar uns heimlich eine Sprache wünschen, in der nicht nur das erste Du ein Fest wäre, wie es das für die Älteren unter uns gewesen ist, sondern in der man über drei, vier Stufen zu einem Grad der Vertrautheit hinabspringen könnte, dem die Sprache sich von jeher verweigert hat.

17

Die Teufelskralle der Abstraktion

Dass auf einer Bergwiese Blumen blühen, ist eine überaus abstrakte Ausdrucksweise: Blumen – was für ein kühner Oberbegriff für so verschiedene Pflanzen wie Enzian, Nelkenwurz und Feuerlilie! Die Fülle der Erscheinungen in Oberbegriffe zu bündeln, war und ist eine der großen Leistungen des menschlichen Verstandes, ein zwingender Lernstoff für Kinder, ein Lebenselixier der Wissenschaft.

Doch auf ebendiese Leistung sollte jeder ausdrücklich verzichten, der anschaulich und lebendig schreiben will, ob Romane, Reportagen oder Briefe; von der Bergwiese sollte er sagen, dass auf ihr Akelei und Berghähnlein blühten, Knabenkraut, Teufelskralle und Vergissmeinnicht. Eine Minderheit aller Leser wird einen fröhlichen Strauß von Vorstellungen damit verbinden, die Mehrheit sich immer noch an den prallen, putzigen Namen freuen und eine buntere Wiese vor sich sehen, als wäre da nur von «Bergblumen» die Rede gewesen.

Leser freuen sich über alles, was auf ihre Sinne wirkt; Schreiber haben da oft eine von drei Hemmungen. Viele Schreiber *verlangen* den abstrakten Oberbegriff, weil sie Verwaltungsbeamte oder Wissenschaftler sind («Großvieheinheit» für Rinder und Pferde, «Niederschläge» für Regen und Schnee). Andere *trösten* sich mit dem Oberbegriff und mogeln mit ihm, weil sie für das Vielerlei der Bergblumen keinen Namen kennen, vielleicht sogar die Teufelskralle eher in der Hölle als auf einer Wiese vermuten.

Wieder andere *flüchten* sich in den Oberbegriff, weil die konkrete Einzelheit ihnen peinlich wäre. Manfred Stolpe, von 1990 bis 2002 Ministerpräsident von Brandenburg und wegen seiner früheren Kontakte zum Staatssicherheitsdienst umstritten, hat dafür das klassische Beispiel geliefert: Dem Protokoll eines Untersuchungsausschusses zufolge sagte er, er habe «Aufgaben übertragen bekommen», sei «zu bestimmten Aufgaben eingewiesen worden» und habe «eine administrative Letztverantwortung» wahrgenommen, «verbunden mit einem umfassenden Verhandlungsauftrag zur Lösung von Problemen». Ganz klar: Die abstrakten Oberbegriffe waren Stolpes Mittel, mit Wörtern nichts zu sagen. Von einem Eiertanz zu sprechen, verbietet sich nur deshalb, weil Eier derart konkret sind, dass man die erhabene Begrifflichkeit der Stolpe'schen Diktion damit gänzlich verfehlen würde.

Alle Leser dieser Welt aber lesen ungleich lieber *Ei* als «befruchtete oder nichtbefruchtete weibliche Keimzelle bei Tier und Mensch». Sie wollen sehen, hören, riechen, schmecken, spüren – nur dann springt ihnen das Leben aus dem Wort entgegen. Schreiber, die gelesen werden wollen, sollten also erstens den Wunsch haben, sich mitzuteilen, anders als Manfred Stolpe, zweitens möglichst viele Einzelheiten beim Namen nennen können und sich drittens, falls sie nicht bürokratisch erfassen oder akademisch publizieren, die Oberbegriffe ausdrücklich verbieten.

Leider haben viele, gerade gebildete Menschen das Gespür verloren, bis zu welchem Grad unsere Sprache von Abstraktionen durchsetzt ist. «Meyer war ein fröhlicher Mensch» beschreibt nichts, was der Schreiber beeiden könnte, sondern seine Folgerung aus Mimik, Laune und Redeweise. «In der Baracke gab es nicht einmal eine richtige Heizung», las man in einer Reportage aus einem Flüchtlingslager, und wieder erfahren wir nur, was der Schreiber aus dem, was er sah, geschlossen hat; wie schade, dass er nicht schreibt, was er gesehen hat – folgern könnten wir allein. Hat er vielleicht Lachen von rostfarbenem Wasser unter kalten Heizkörpern gesehen? Oder einen Heizlüfter von jämmerlicher Kleinheit? Oder einen Ofen mit geborstenem Rohr? Oh, hätte er eines davon genannt – die Verstandesleistung, dies als unzulängliche Heizung einzustufen, hätte jeder Leser leicht und gern aus eigener Kraft erbracht.

Anschauung! Das ist das Zauberwort. Wie begann Eichendorff seine Autobiographie – dass der Winter 1787/88 der kälteste seit Menschengedenken gewesen sei? Nein: So streng war er, «dass die Schindelnägel auf den Dächern krachten, die armen Vögel im Schlaf von den Bäumen fielen und Rehe, Hasen und Wölfe ganz verwirrt bis in die Dörfer flüchteten». Wie veranschaulichte eine Kulturgeschichte des Geldes den Weg von der Münze zum Papier? «Die römischen Legionäre trugen ihr ganzes Vermögen aus Silbermünzen am Leib; sie spürten bei jedem Schritt, wie viel sie besaßen – auch wenn sie manchmal so schwer daran trugen, dass sie nicht mehr plündern konnten, sondern selbst geplündert wurden. Wenn heute jemand um sein Geld erleichtert wird, wiegt er meist genauso viel wie vorher.»

Nur Sinneseindrücke und Tatsachen zu schildern, die Folgerungen daraus aber dem Leser zu überlassen, hat noch einen weiteren Vorzug: den, dass der Leser sich nicht durch das Urteil des Schreibers bevormundet fühlt. Eine Gondel auf einem etwas übelriechenden Kanal, Marmorfassaden und Mauerschwamm, ein Gondoliere, der sich redlich müht, die «Capri-Fischer» ins Italienische zu transponieren – ist das nun romantisch, traurig, kitschig oder widerlich? Urteile selbst, lieber Zeitungsleser oder Briefempfänger; *ich* sage dir nur, was ich hörte, sah und roch – und etwas anderes, lehrt alle Erfahrung, willst du auch gar nicht wissen.

18

Was möchten viele Schweizer?

«Viele Schweizer möchten die Armee, manche gar die ganze Nation abschaffen», schrieb der «Spiegel». Das ist ein merkwürdiger Satz, rein sprachlich genommen. Bis zum Komma liest man ja, dass viele Schweizer die Armee *mögen*. Nun ist das zwar nicht falsch, aber das Gegenteil dessen, was der «Spiegel» mitteilen wollte: *abschaffen*, das war seine Aussage. Zwei Sekunden lang hat die korrekte Anwendung der Grammatik im Leser eine falsche Vorstellung von den Absichten des Schreibers erweckt. Die deutsche Syntax ist voll von solchen Fallstricken und für die meisten Ausländer ein Graus. Wir haben allen Anlass und erfreulicherweise viele Möglichkeiten, von diesen Regeln einen selektiven und listigen Gebrauch zu machen.

Zwei Sekunden, lässt sich einwenden: Ist das den Aufwand wert? Ja – selbst *eine* Sekunde kann falsche Hoffnungen wecken: «Wir haben im Lotto», sagt ein Mitglied der Familie, und noch bleibt alles möglich, «wieder nichts gewonnen.» Fünf Sekunden lang führte «Die Zeit» ihre Leser irre mit der Überschrift: «Nach 1945 *versagte* die Kirche, die Ausgebombten, Vertriebenen und auch Entnazifizierten half, den überlebenden Juden» (bis hierhin also hat sie «versagt»!) *die Zuwendung*». Und auf zwölf Sekunden der Irreführung brachte es die «Neue Zürcher Zeitung»: «Vor dem Orchester stehend, *verlassen ihn* Konzentration auf die Aufgabe und die beinahe magisch anmutende Sicherheit, mit der er auf das Orchester, sein Orchester, einwirkt, mit der er, über dieses

Orchester, das Publikum fesselt» (der arme Kerl – all das hat ihn verlassen?) «*nicht* mehr.»

Hier gibt es also ein Problem. Der Leser, über den Sinn des Satzes zu lange im Unklaren gelassen, stellt während der Lektüre unwillkürliche Vermutungen darüber an, er baut einen *Zwischensinn* auf – und wenn der falsch ist, dann hat der Schreiber versagt. Simultandolmetscher, die auf internationalen Konferenzen übersetzen, *müssen* mit solchen Vermutungen operieren: Warten sie bis zur rettenden Auflösung am Schluss des Satzes, so können sie einen Teil der vorher genannten Einzelheiten nicht nachtragen, weil ihr Gedächtnis überfordert wird. Doch ihr Alltag ist voll von Pannen, weil ihre Vermutung falsch war – wie in dem Satz auf einem Historikerkongress: «Captain Jones *fiel* im Krimkrieg» (Gottseidank, denkt sich der Dolmetscher, das Verb steht vorn, ich kann schon anfangen), «nachdem er nicht weniger als 21 feindliche Kanonen erbeutet hatte» (dabei fällt man, das ist klar), «auch in der Schlacht von Balaclava durch große Tapferkeit *auf*.»

Die Not der Konferenzdolmetscher macht nur deutlich, was unser *aller* Plage ist, wenn wir typische deutsche Sätze lesen: Erst von hinten her begreifen wir, wie wir sie hätten lesen müssen; die Hälfte haben wir bis dahin vergessen; und die beliebte Vorstellung, dass Leser nach dem Ende des Satzes den Anfang ja noch einmal lesen könnten, ist erstens unrealistisch und zweitens, falls sie den Schreiber leitet, nicht frei von Schamlosigkeit.

Was tun? Das Problem in aller Schärfe erkennen und dann ein bisschen List anwenden, mit großen literarischen Vorbildern. «Viele Schweizer möchten die Armee abschaffen, manche gar die ganze Nation»: Das Verb wird einfach nach dem ersten Glied der Aufzählung eingeschoben, die grammatische

Korrektheit ist gewahrt, der falsche Zwischensinn beseitigt und sogar ein bisschen Kraft gewonnen. Wie bei Schiller: «Alle Bande des Gewinns waren aufgelöst, alle des Bluts und der Liebe.» Die Kirche *versagte* nicht, wenn wir den Satz so umbauen: «Kirche nach 1945: Den Ausgebombten half sie, den Juden versagte sie die Zuwendung» (die Verb-Ergänzung, die den Sinn trägt, ist ans Verb herangezogen). «Nichts verlässt ihn mehr, wenn er vor dem Orchester steht: Konzentration auf die Aufgabe ...» (das *nichts* vom vorletzten Platz auf den ersten geschoben). «Auch in der Schlacht von Balaclava *fiel* Captain Jones durch große Tapferkeit *auf*; schon vorher hatte er ...» (*fiel* und *auf* sind nicht mehr durch 21 Wörter getrennt, sondern nur noch durch 5; und selbst auf diesem kurzen Weg ist kein Missverständnis möglich: Das einleitende *auch* lässt die Deutung, dass er gefallen sei, nicht zu – man fällt nur einmal).

Schließlich sollten wir mit einer Sitte brechen, die nicht von der Grammatik vorgeschrieben, sondern lediglich im Deutschunterricht hochgehalten wird: der Wortfolge «... bis sein Grab auf dem Kirchhof gerüstet sei». Die Grammatik lässt es zu, der Verständlichkeit ist gedient, und Johann Peter Hebel hat geschrieben: «... bis sein Grab *gerüstet sei* auf dem Friedhof.» Die Umstandsangabe ist also aus dem Mittelfeld des Satzes herausgenommen und hinter das Verb geschoben – romanische Wortstellung! In diesem kurzen Satz noch mit geringem Gewinn, bei typisch deutschen Satzschachteln aber mit dramatischen Vorzügen.

Und ebendies ist der klassische Satzbau des Deutschen, den eine verblendete Germanistik uns entfremdet hat. Schiller: «... was Menschen *wagen* dürfen für die gute Sache und ausrichten *mögen* durch Vereinigung.» Heine: «Flammenströme des Gesanges sollen sich *ergießen* von der Höhe der

Freiheitslust in kühnen Kaskaden, wie sich der Ganges *herabstürzt* vom Himalaya.» Max Frisch: «Sie will nichts mehr *wissen* davon, was hier in der Kajüte *geschehen ist* vor siebzig Jahren.» Peter Handke: «Ein schmaler Himmel, der *verhüllt* wird von dem Qualm der Eisenwerke.» Patrick Süskind: «[ein Mann,] … der sein Leben *lang auf der Flucht war* vor dem Tod.»

Man sieht: Wer die deutsche Syntax phantasievoll liebt, kann selbst ihr schöne Kinder machen.

19

Nachruf auf den Elchtest

Nach tausend Missgeburten wurde 1997 endlich ein wohlgeratenes Kind geboren. Was stürzt nicht alles auf uns ein an scheußlichen Wortgebilden: der Computerjargon (Website, Browser), der Wirtschaftsjargon (outsourcing, value based management), der Jugendjargon (kultig, oberätzend), der Universitätsjargon (paradigmatisch, selbstreferenziell). Das Feuilleton schmeichelt uns mit der «strukturalen Analyse der Konstitutionsformen des Gemeinplatzes», eine Großbank verspricht «die Umsetzung strategischer Positionierungen in visuelle Identitäten». Unsere Lebensart muss Lifestyle heißen und Wellness unser Wohlbefinden – kurz: So ziemlich alles, was in die Sprache drängt, ist entweder von amerikanischen Lippen geschlürft oder poststrukturell diskursverknotet.

Und da schritt plötzlich ein Elch durchs Deutsche und rief uns in Erinnerung, was Sprache leisten kann. Wir mögen ja die Tiere, die sich im Wortschatz tummeln: die Elefantenhochzeit, die Krokodilstränen, den Papiertiger, den Katzenjammer, und keine Großveranstaltung, die nicht ein paar Journalisten zu dem Einfall triebe, sie mit dem Zusatz «Mammut» zu versehen, obwohl dasselbe vor zehntausend Jahren ausgestorben ist.

Der Elch aber lebt – der mächtigste aller Hirsche, bis zu einer halben Tonne schwer und in Schweden ein Verkehrsproblem: Aus vielen Zusammenstößen geht er als Sieger hervor. Folglich gehört es dort zum Repertoire der Autotester, jedes neue Modell darauf zu prüfen, ob es einem jäh auf-

tauchenden Hindernis solchen Kalibers ausweichen kann.
Die A-Klasse von Mercedes konnte das bekanntlich nicht:
Am 8. Oktober 1997 kippte sie um, und der Elchtest trat seinen Siegeszug durch den deutschen Sprachraum an – einen
kurzen, leider.

Österreichs Bundespräsident stand, dem Nachrichtenmagazin «Profil» zufolge, vor dem Elchtest, ob er Jörg Haider an
die Regierung lassen würde; über den Kanzlerkandidaten der
SPD las man allenthalben, ob er Lafontaine oder Schröder
heiße, werde sich beim Elchtest im März erweisen, der Land-
tagswahl in Niedersachsen; im Bundestag war die Warnung zu
vernehmen, wenigstens sollte man den Elch nicht ans Steuer
lassen; und keiner konnte mehr die Witze zählen, die um den
Elchtest kreisten («Na, kippen wir einen?», prosten sich zwei
Mercedes-Fahrer zu).

Wie hatte der Elch das nur geschafft? Tier ist schon gut,
stolzes Tier noch besser; für viele Mitteleuropäer gehört der
Elch zur schwedischen Folklore, mit dem Effekt, dass die
Warnschilder mit seiner Silhouette von ausländischen Touris-
ten zu Hunderten abmontiert werden. Und verheiratet hatte
sich dieser kraftvolle Einsilber mit dem besten Wort, das wir
je aus dem Englischen übernommen haben: dem Test. Er
ist ebenso kurz, er ist bereichernd, und gegenüber anderen
nützlichen Importen wie Flirt, Job oder Team hat der Test
den Vorzug, dass er in Schriftbild wie Aussprache nahtlos ins
Deutsche passt.

Diese zwei idealen Silben nun lassen sich nach deutscher
Grammatik zu einem Wort zusammenführen – von jener Art,
die unser erfolgreichster Exportartikel ist, wie *the weltschmerz*
oder *le waldsterben*, und in der Tat: Bald war *the elchtest* in der
«Financial Times» zu lesen. 1999 stand er im Duden – kurz,
bildhaft, drastisch, wie er war: eine sensationelle Kombina-

tion im Zeitalter des Shareholdervalue und der Emissions-reduktionspotenziale.

All das aber hätte nicht ausgereicht, den Elch bis an die Alpen zu tragen. Hinzu kam der Treibsatz der Schadenfreude. Einer der renommiertesten Industriekonzerne der Welt hat sich an einem Elch die Nase blutig gestoßen! «Der automobile Goliath konnte in die Knie und zum Eingeständnis erheblicher Fehler gezwungen werden», schrieb die «Frankfurter Allgemeine». Unter Moralisten hat die Schadenfreude zwar keine gute Presse, aber sie ist ein menschliches Urvergnügen und für viele, die keine Milliarden besitzen, der schönste, oft der einzige Trost auf Erden.

Zu solcher Freude sahen manche noch einen zweiten Grund: Der Elch hatte nicht nur Daimler-Benz einen Huftritt gegeben, sondern auch dem Glauben an die Allmacht des Computers. Das Fahrwerk der A-Klasse war ja überwiegend per Computersimulation getestet worden, viel weniger als früher üblich im praktischen Versuch. Der Computer, der Abgott der Jahrtausendwende, hatte den Elchtest nicht bestanden, den Zusammenprall mit der realen Welt.

So viel Hintergrund, so viel Saft in zwei Silben – ja, dieses Wort hätte sich halten sollen. Rasch war es dabei, Hürden, Prüfungen und Nagelproben zu verdrängen. Doch es ist still geworden um den Elchtest. Wer will sich denn schon so kurz und saftig ausdrücken in einer Zeit der Wertschöpfungspotenziale und der Corporate Social Responsibility.

20

Wie man Innovationen implementiert

Die Sprache von Politikern und Journalisten gerät in relative Nähe zum Nobelpreis für Literatur, wenn man sie an einigen der scheußlichsten Hervorbringungen misst, die durch den deutschen Sprachraum geistern: dem Schriftverkehr in großen Unternehmen. Aus einigen der größten Konzerne Mitteleuropas stammen die folgenden Zitate, und dass sie durchweg echt sind, muss wohl betont werden bei einer so rasenden Verliebtheit in exotisches Wortgeklingel.

So zum Beispiel: «Die heutige Kalkulationspraxis bietet Anreize zur ausgeprägten Nutzung von Konsortien durch niedrigeren Gemeinkostenzuschlagssatz ohne Berücksichtigung der strategischen Relevanz der dem Konsortialpartner übergebenen Projektanteile.» Ein Vorstandsmitglied der Firma, in der dieser Satz geboren wurde, erwiderte auf die Frage, was das wohl heiße: Er verstehe ihn auch nicht ganz. Mit dieser großen Antwort war zweierlei bewiesen: Die betriebsinterne Kommunikation war als teilweise sinnlos entlarvt, und der Laie – unsereiner also – war von dem beliebten Selbstvorwurf befreit, dass er wohl von der Materie nicht genug verstehe.

Warum schreiben Angestellte so? Warum nerven sie Vorgesetzte und Kollegen mit «plattformbezogenen Serviceleistungen» und «transaktionsorientierter Kundenzufriedenheit»? Warum agieren sie «im Rahmen der Nachweisführung für die Implementierung des Produkthaftungsgesetzes»? Warum plädieren sie dafür, «innovative Freiräume der Kommunikation zu ermöglichen und damit integrierte Steuerungssysteme zu funktionalisieren»? Man darf vermuten, dass sie Angst haben. Angst, von Vorgesetzten oder Kollegen nicht für wichtig genug genommen zu werden, wenn sie den Jargon nicht beherrschen, und Angst vor allem, in schlichteren Worten würde die Dürftigkeit ihrer Aussage offenkundig werden.

«Dabei wird deutlich», schreiben sie, «dass neben dem klassischen Marketing auch der Öffentlichkeitsarbeit allgemein eine für das Unternehmen große Bedeutung zukommt. Sie muss dem Ziel dienen, dass sich das Unternehmen mit seinen gesamten Aktivitäten im gesellschaftlichen Umfeld langfristig positioniert.» Ja, so ist das mit der Öffentlichkeitsarbeit, nur die Dümmsten im Unternehmen wissen es nicht – aber 37 Wörter hat man verschossen, in der Hoffnung, das Geknatter werde die ergreifende Schlichtheit der Aussage übertönen: «Öffentlichkeitsarbeit ist ziemlich wichtig.»

Und auch so schreiben sie: «Wir haben das Problem im internen Gespräch diskutiert und sind zu der Meinung gekommen, dass diese Aktivitäten selbst sehr gut in die Aktivitäten der Werbeabteilung eingepasst werden können.» Wäre die Zeit knapp und das Papier teuer und würde der Absender den Adressaten nicht länger als nötig behelligen wollen, so hätte er schreiben können: «Nach interner Diskussion sind wir uns einig: Dieses Vorhaben passt sehr gut in die Werbeabteilung» (15 Wörter statt 28, dabei allein 10 Silben für die Orgie der Aktivitäten eingespart). Nur freilich: Die Qualität der Aufgabenstellung an den Systemintegrator für ein solches Vorgehensmodell würde die innovativen Ansätze zur strategischen Projektstatusanalyse wissensbasiert durchkreuzen.

Darf man schätzen? Zum Beispiel, dass 30 Prozent der Arbeitszeit eines Verfassers von konzerninternen Texten von der Suche nach pompösen Floskeln aufgezehrt wird – und zehn Prozent der Zeit des Empfängers von dem Versuch, den

Bombast auf den bescheidenen Inhalt zu reduzieren? Wenn sie noch Käse redeten! Aber glücklich sind sie erst, wenn sie nur noch die Löcher liefern.

Immerhin, man stößt auf Ansätze zur Selbstironie. Nicht in der Privatwirtschaft, aber unter den deutschen Übersetzern bei der Europäischen Union; dort ist ein «Schnellformulierungssystem» in Umlauf, das Versatzstücke für alle Lebenslagen enthält: «Die Entwicklung der grenzüberschreitenden Verknüpfung / für eine kohärente Anwendung der operationellen Bestimmungen / hat Initiativen im Bereich der Innovationsfinanzierung in Gang gebracht», heißt da eine Wortkette, und eine andere: «Ein bedarfsinduzierter Ansatz zur Übernahme neuer Technologien / im Rahmen einer zukunftsweisenden Bestandsaufnahme relevanter Daten / ist nur durch die Stärkung der Gemeinschaftsebene zu erreichen.» Der Witz dabei ist, dass man das erste Glied jeder Aussage austauschen kann, das zweite und das dritte ebenso – und immer entsteht die gleiche Hohlprosa.

Schade, dass die Bibel nicht von einem großen Wirtschaftsunternehmen redigiert worden ist. Dann könnten wir sicher lesen: «Auf die bedarfsgerechte Zuteilung des Produktanteils durch die transzendente Allmacht folgte deren Zurückverweisung durch dieselbe Instanz, ohne dass daraus ein pejoratives Urteil über die Relevanz dieser einander durchkreuzenden Aktivitäten und die Motivation ihres Urhebers abgeleitet werden sollte.» Was wir stattdessen lesen müssen, ist dürftig genug: «Der Herr hat's gegeben, der Herr hat's genommen; der Name des Herrn sei gelobt!»

21

«Frühling» – welche Albernheit!

Unter Mephistos blitzgescheiten Sprüchen ist einer, der uns mehr als üblich zu grübeln geben sollte: «Gewöhnlich glaubt der Mensch, wenn er nur Worte hört, es müsse sich dabei doch auch was denken lassen.» Wir neigen zu der stillschweigenden Überzeugung, dass jedes Wort einen Sinn haben müsse, da es doch vorhanden ist – obwohl unser Wortschatz großenteils aus muffigen Gelehrtenstuben und aus miefigen steinzeitlichen Höhlen stammt. Elias Canetti hat nur zu recht, wenn er sich Akademien wünscht, «deren Aufgabe es wäre, von Zeit zu Zeit gewisse Worte abzuschaffen». Fangen wir mal mit dem Frühling an.

Am 21. März lieben es also Zeitung, Radio und Fernsehen zu verkünden, hiermit sei der Frühling angebrochen; darauf haben sie sich geeinigt mit den Astronomen und den Kalenderfabrikanten. Noch lieber werden sie am 18. März melden, drei Tage vor Frühlingsanfang sei schon «der Sommer eingezogen» (falls wir es gerade mit einem Schwall subtropischer Warmluft zu tun bekommen). Und am liebsten am 24. März, drei Tage nach Frühlingsanfang sei «der Winter zurückgekehrt» (falls es schneit). Ein solches Gedränge der Jahreszeiten auf engstem Raum müsste eigentlich jeden stutzig machen, der ein bisschen denkt, wenn er liest; nicht gerechnet, dass es erlaubt wäre, unsere Begriffe hin und wieder an einem Blick aus dem Fenster zu orientieren.

Vier Jahreszeiten also, davon zuweilen drei in einer Woche, wenn die Journalisten recht haben; im Übrigen allesamt mit einem exakten Datum, das für die gesamte nördliche Halbkugel verbindlich sein soll, für Alaska wie für den Sudan. Wir schwitzen am 20. März, aber «Winter» sollen wir dazu sagen; wir frieren am 22. März, aber «Frühling» soll das heißen – ein herrliches Beispiel für unseren Aberglauben an die Kraft des Begriffs. Steht das Wort in offenkundigem Widerspruch zum Verhalten der Natur, so fällt es uns nicht im Traum ein, das Wort auf seine Eignung zu prüfen; umgekehrt: Wir benutzen es, um der Natur ihren Verstoß gegen unseren Sprachgebrauch vorzuhalten. Wir schlagen dem Wetter die Erwartungen um die Ohren, die in unserem Vokabular versteinert sind, und teilen ihm entrüstet mit, dass es sie verletzt.

Von den Meteorologen lassen wir uns dabei schon gar nicht irritieren. Auch für sie beginnt «der Frühling» zwar, kurios genug, an einem bestimmten Tag, jedoch an einem anderen: dem 1. März. Und schon gar nicht nehmen wir die Phänologen zur Kenntnis, die meteorologischen Beobachter und Berater der Landwirtschaft – obwohl sie und nur sie realistisch beschreiben, was sich in der Natur vollzieht und nicht in der Welt der fertigen Begriffe.

Mit dem mittleren Beginn der Schneeglöckchenblüte setzt das ein, was die Phänologen den Vorfrühling nennen. Auf ihn folgt in ihrer Sprache der Erstfrühling, gekennzeichnet durch das Aufbrechen der Stachelbeerknospen oder das Erscheinen der Blattoberfläche der Rosskastanie; schließlich der Vollfrühling mit der Flieder- oder Apfelblüte. Je nachdem, welche Kapriolen das Wetter diesmal schlägt, welchen der drei Maßstäbe wir anlegen und ob wir in der Oberrheinischen Tiefebene messen oder an der polnischen Ostseeküste, beginnt der Frühling in Mitteleuropa also ununterbrochen von Februar bis Juni.

Das ist natürlich unbequem und noch dazu gänzlich ungeeignet für Schlagzeilen und Wirtshausflüche. Da bleiben wir lieber bei unserer öffentlich akzeptierten Albernheit, im Kalender eine Zäsur zu markieren, von der der liebe Gott offensichtlich keine Ahnung hat; schlimm genug für ihn!

Gut, gut; nur: Was folgt daraus? Sollen wir die Sprachmäkelei so weit treiben, die uralten Namen der Jahreszeiten abzuschaffen, und gibt es nicht Tage im Mai, an denen alle Welt sich über das Wort «Frühling» einig ist? In der Tat: Beim Frühling würde es genügen, wenn seriöse Journalisten sich für den Unfug des angeblich im Frühling zurückgekehrten Winters zu schade wären – und wenn wir alle versuchten, unseren Aberglauben an die wetterstiftende Macht des Wortes durch gelegentliches Augenzwinkern zu mildern.

Aber die Undefinierbarkeit des Frühlings ist ja nur ein Lehrstück dafür, wie arglos wir auch mit solchen Begriffen umgehen, die politische Wirkung haben – obgleich man bei ihnen nicht minder streiten könnte, was eigentlich ihnen in der realen Welt entspricht, wenn überhaupt etwas. Wie, bitte sehr, sollen wir denn «Fortschritt» definieren oder «Solidarität» oder «soziale Gerechtigkeit»?

Und müsste einer, der «Naturschutz» betreibt, uns nicht wenigstens erklären, was er unter Natur *versteht*? Will er Vulkane, Ratten und Kakerlaken schützen, Krätzmilben, Aids-Viren und Pestbazillen? Das will er nicht. Aber es ist doch Natur! Schützen will er also nur einen Teil der Natur. Welchen? Das soll er uns erklären! Warum findet darüber keine öffentliche Debatte statt?

So könnte es sein, dass politische Handlungen und Unterlassungen daraus folgten, wenn wir uns entschließen würden, die ungelüfteten Winkel unseres Wortvorrats dann und wann einem Quantum Frischluft auszusetzen, und käme sie mit einem Islandtief im sogenannten Frühling.

22

Widrige Witterungsbedingungen

Beginnen wir mit einem Test. Bitte lesen Sie die nachstehenden Zeilen zunächst *nicht*, sondern lassen Sie einfach das Schriftbild auf sich wirken:

Die Kapazitätsengpässe bei der Bedürfnisbefriedigung im Beherbergungsgewerbe erfordern maßgeschneiderte Problemlösungsaktivitäten.

Und nun betrachten Sie die folgenden Zeilen:

Sie sprach zu ihm, sie sang zu ihm, da war's um ihn geschehn; halb zog sie ihn, halb sank er hin und ward nicht mehr gesehn.

Ohne die beiden Texte überhaupt gelesen zu haben, kann man bereits erkennen, von welcher Art sie sind: oben eine Buchstabenprozession von quälender Länge, unten ein luftiger Reigen von Wörtern, deren längstes zwei Silben hat. Welcher Text lädt mehr zum Lesen ein? Und wen wundert es noch, dass der erste Satz (aus dem Wirtschaftsteil einer Tageszeitung) ein zäher, abstrakter Wortbrei, der zweite aber (der Schluss von Goethes Ballade «Der Fischer») ebenso anschaulich ist wie elegant?

Alle Lyriker wussten, dass kurze Wörter fast durchweg mehr Saft und Kraft haben als lange. Wörter wie *nichtsdestoweniger* oder *prozessuale Verfahrensabläufe* kommen in der Lyrik nicht vor, ja überhaupt kein Wort von mehr als zwei Silben im populärsten Gedicht deutscher Sprache, «Über allen Gipfeln ist Ruh». «Die Abhängigkeitsverhältnisse meines Dienstpersonals werden hiermit aufgehoben», das schrieb Schiller nicht, sondern: «Und frei erklär' ich alle meine Knechte.»

Auch Prosa gibt durch kurze Worte das Signal, dass sie Kraft hat: «Ich greife mit der Hand um die Flasche, prüfend, ob der Wein auch kalt sei, Durst, dann Hunger, Leben gefällt mir →» (Max Frisch). Ein weiteres Indiz liefern die Dialekte: Silbenschleppzüge wie *Befindlichkeitsqualität* oder *Innovationsverarbeitungskapazität*, Wörter von so dunkler Bedeutung und so geringer Anschaulichkeit trifft man in ihnen nicht an, und das spricht wahrlich für die Dialekte.

Dazu kommt nun eine junge Wissenschaft – die Verständlichkeitsforschung. Der Einsicht der Dichter fügt sie hinzu, dass Wörter auch umso *verständlicher* sind, je weniger Silben sie haben: der Stuhl leichter als die *Sitzgelegenheit*, das schlechte Wetter rascher als die *ungünstigen Witterungsbedingungen*.

Journalisten, Behörden, Verfasser von Gebrauchsanweisungen hätten allen Grund, von dieser Einsicht lebhaften Gebrauch zu machen; doch haben die meisten von ihnen davon so wenig gehört wie Deutschlehrer und Sprachwissenschaftler. Keine Wortschlangen, egal, ob ich um Poesie ringe oder einen Feuerlöscher erkläre – muss das nicht jeden beeindrucken, der verstanden werden will?

Natürlich, es gibt auch eine Ebene, auf der wir vielsilbige Wörter *brauchen*: wenn es auf technische Genauigkeit ankommt etwa oder wenn eine Wissenschaft nach abstrakten Oberbegriffen ruft. Aber viererlei lässt sich dazu sagen.

Erstens, Vielsilbigkeit beweist noch nicht, dass ein Wort genau oder wissenschaftlich wäre. Es gibt auch Leute, die in ihren Silbensalat verliebt sind, die also beispielsweise, wenn sie nichts als «Motive» meinen, sich stattdessen mit *Motivationsstrukturen* brüsten, wozu haben sie schließlich Soziologie studiert. Der *Betroffenheitsvorsprung*, dessen sich manche deutschen Studenten rühmen, hat weder mit Exaktheit noch mit Wissenschaft irgendetwas zu tun, sondern allein mit dem Bedürfnis, sich akademisch aufzuplustern.

Zweitens, *Witterungsbedingungen* sind um nichts genauer als die Witterung allein, die letzten vier Silben also überflüssig – wie die letzten zwei Silben des *Heilungsverlaufs* (denn welche Heilung wäre das, die nicht irgendwie verliefe?). «Wortdreimaster» nannte Schopenhauer solche Wörter und empfahl, von hinten jeden Mast zu kappen, der keine Segel trägt. Beim *Bedrohungssignal* wiederum sollte man nur den mittleren Mast stehen lassen: Dann bleibt «Drohung» übrig, ein Signal, wie man weiß.

Drittens, *Kapazitätsüberhänge im Beherbergungsgewerbe* ließen sich natürlich auch beschreiben als zu viele leere Hotelbetten. Nur wollen die Hoteliers das so direkt nicht sagen. Womit wir bei der Einsicht wären: Mancher, der viele Silben macht, *möchte* nicht zu genau verstanden werden. Dann sollten wir das Mögliche tun, um in seinen bürokratischen Schwulst die schönen Einsilber hineinzuhören: Bett leer, Wirt weint.

Viertens, zwingt mir aber mein Thema vielsilbige abstrakte Wörter auf und können sie nicht von hinten gekürzt werden: Dann sollte ich das Problem erkennen, dass mein Text notgedrungen schwerverständlich und unanschaulich ist. Folglich sollte ich auf der Lauer liegen, hin und wieder ein paar Einsilber einzustreuen – Rang statt *Stellenwert*, Zwang statt *Gängelei durch unabwendbare Gegebenheiten*, Angst und Not, Geld und Geiz, Geist und Witz. Der Einwand, solche Wörter würden in einen wissenschaftlichen Text nicht passen, sticht nicht: Denn in seriöse Vorträge passen auch keine Witze, und die Engländer machen sie doch.

Von Winston Churchill, Träger des Nobelpreises für Literatur, stammt der Satz: «Die alten Wörter sind die besten und die kurzen die allerbesten.» Als er die Engländer in ihrer schlimmsten Stunde aufrütteln wollte – sprach er da von Strapazen und Mobilisierung aller Energiereserven? Nein, es waren vier uralte Einsilber, mit denen er Geschichte machte: *blood, toil, tears* and *sweat*. Wir haben nur drei davon übersetzt: Blut, Schweiß und Tränen – des Rhythmus wegen.

23

Pflicht – oder Schuldigkeit?

Der Mohr hat seine Arbeit getan» – so hat Schiller es in sein Drama «Die Verschwörung des Fiesco zu Genua» hineingeschrieben. Wir stutzen – sagen wir nicht: «... seine Schuldigkeit getan»? Sollte Schiller im Versmaß unsicher gewesen sein, das er doch sonst mit schönem Schwung beherrschte: «Kann ich Armeen aus dem Boden stampfen? Wächst mir ein Kornfeld auf der flachen Hand?» Oder zitieren wir ihn falsch, dem Rhythmus zuliebe? Aber was hätte der Rhythmus in der Sprache überhaupt zu suchen, noch dazu, wenn sie stumm bleibt wie das meiste, was wir schreiben?

Wir zitieren Schiller falsch, und versagt hat er nicht: Denn der «Fiesco» ist in Prosa geschrieben, wie auch die «Räuber» und «Kabale und Liebe»; erst die späteren Dramen, vom «Don Carlos» bis zum «Wilhelm Tell», bedienen sich des fünffüßigen Jambus, der Schillers Markenzeichen ist. Demnach sind wir es, die nach dem Rhythmus verlangen – zum Teil gewiss deshalb, weil er eben das ist, was wir von Schiller erwarten; vor allem aber, weil wir rhythmische Gliederungen schlechthin lieben, auch in der Prosa, auch bei schweigender Lektüre.

Unsere Schrift besteht ja nicht aus stilisierten Bildern wie in Japan und China, sondern aus geometrischen Zeichen für gesprochene Laute, aus sichtbaren Symbolen für hörbare Abläufe, insofern vergleichbar den Noten für die Musik. Und wie sich die Noten dem geübten Musiker auch bei stummer Lektüre sogleich in Töne zurückverwandeln, so springen dem, der die Buchstabenschrift beherrscht, die optischen Signale über das Auge ins innere Ohr und werden dort in die akustischen Signale übersetzt, die allein gemeint sind. Von ungeübten Lesern wissen wir ja, dass sie die Lippen bewegen – dann hören sie besser.

Also ist alles, was sich schwer ausspricht, auch unangenehm zu lesen, vom Tiroler «Selchfleischaufstrich» bis zu akademischen Versatzstücken wie «explizit auf die Geschlechtsspezifik bezogen». Und also ist uns auch beim stillen Lesen der Sprachrhythmus so gegenwärtig wie im laut deklamierten Vers.

Dann bleibt allerdings die Frage: Soll sich denn Prosa nicht von Dichtung unterscheiden? Die Antwort heißt: durchaus; nur wiederum nicht sehr. Nehmen wir unsere geläufigsten Redensarten, die floskelhafte Verbindung von meist drei oder vier Wörtern: auf Schritt und Tritt, in Haus und Hof, mit Stumpf und Stiel. Ist eines der beiden Substantive zweisilbig, so steht mit wenigen Ausnahmen (wie «Wasser und Brot») der Zweisilber am Schluss: Brief und Siegel, Gift und Galle, Kraut und Rüben, Leib und Leben, Lust und Liebe. Ist das nicht merkwürdig? In unserer Prosa tummeln sich rhythmische Redensarten zu Hunderten, und über die Art des Rhythmus gibt es gar keine Diskussion – wer «Glauben und Treu» schriebe, der würde sich dem Vorwurf aussetzen, sein Stil sei wie Rüben und Kraut. Die meisten Mitglieder einer Sprachgemeinschaft haben offensichtlich ein gemeinsames rhythmisches Empfinden und wünschen diesen Rhythmus auch in der Prosa anzutreffen. Deswegen gefiel es den Deutschsprachigen nicht, dass Churchill 1940 den Engländern in korrekter Übersetzung «Blut, Mühsal, Tränen und Schweiß» anbot (blood, toil, tears and sweat); auch das «und» wegzulassen genügte ihnen nicht, obwohl es den Rhythmus verbessert hätte; sondern wir unterschlagen die Mühsal und zitieren «Blut, Schweiß und Tränen».

Was unterscheidet die Prosa dann noch vom Gedicht? Dass der Schreiber dicht an die Poesie herantritt, aber niemals zu ihr übertritt, sagt Nietzsche (der als Sprachmeister ja nicht umstritten ist). Sich der Poesie nicht nähern hieße holprig schreiben; zu ihr übertreten aber heißt eine manierierte Prosa liefern, die die meisten Leser irritiert. Wie Hölderlin: «... wo links die dunklen Eichhöhn mich umrauschten». Wie Rilke: «Auch der Mut muss einmal sich strecken und sich am Saume seidener Decken in sich selber überschlagen.» Wie Ernst Jünger: «Wohl war mir der Augenblick vertraut, in dem der Herzschlag stockt, wenn wir in der Entfaltung die Geheimnisse erahnen.» Wie Walter Benjamin: «Die Frechheit wirft die erste Münze auf den Tisch; die Scham zahlt hundert drauf, sie zu bedecken.»

Da hatte Benjamin seinem eigenen Rat zuwidergehandelt: «Eine Periode, die, metrisch konzipiert, nachträglich an einer einzigen Stelle im Rhythmus gestört wird, macht den schönsten Prosasatz, der sich denken lässt.» Das ist ein gutes Rezept. Wer kraftvoll und gefällig schreiben will, strebt den Rhythmus an und verletzt ihn dann ein bisschen. Das beginnt mit der Wortwahl: Wir können ja häufig wählen zwischen Wörtern unterschiedlicher Länge und Betonung – faul oder träge, richtig oder korrekt.

Und dazu dürfen wir die große Freiheit der Wortstellung im Satz für rhythmische Zwecke nutzen. Gottfried Keller schrieb nicht «Sie hören die Lerchen über sich singen», sondern «Sie hören die Lerchen singen über sich». Georg Christoph Lichtenberg fragte: «Sagt, ist noch ein Land außer Deutschland, wo man die Nase eher rümpfen lernt als putzen?» – und alle Musik wäre dahin, hätte er die konventionelle Wortstellung «eher rümpfen als putzen lernt» gewählt. Robert Walser war ein Meister der leichtfüßigen Sätze am Rande der Poesie: «Dann gab es wieder eine Pause», heißt es im «Lustspielabend», und «wieder bekam ich eins über den Schädel von der Musik, dass ich ganz wie von selber den Mund auftat, um hinzuhorchen». Horchen wir hin, wenn wir schreiben! Leser horchen immer.

24

Singe, wem Ressourcen gegeben!

Zu den drängendsten Problemen der Gegenwart gehört die Infragestellung der Reduktion göttlicher Kundgaben allein auf das Wort. So muss man es jedenfalls befürchten, wenn man einen Kommentar zum gemeinsamen Gesangbuch der katholischen und der reformierten Kirche liest, das in der Deutschschweiz angeboten wird. «Stellt die Tatsache», fragt der Autor, «dass es Musik gibt», fährt er fort (und bis hierher können wir ihm folgen, aber nun kommt es), «die Reduktion göttlicher Kundgaben allein auf das Wort nicht in Frage?» Bewundernswert, wie Stil und Sprachniveau von Kirchenliedern hier getroffen sind! Wir ahnen die Antwort. «Gott spricht nicht im Wort allein», hatte der Autor sagen wollen.

Da sollten wir uns erholen in der evangelischen Familienzeitschrift «Leben & Glauben». Sie lässt einen Theologen und eine Erwachsenenbildnerin vier Seiten lang über das Thema «Kirche und Alte» diskutieren – und da wird sie doch wiederzuerkennen sein, die schlichte Sprache von Kirchenlied und Bibel? Welcher Wechsel zum Beispiel ist in der Praxis noch nicht vollzogen worden? «Der entscheidende Paradigmawechsel von einer Defizitorientierung zu einer Ressourcenorientierung.» Ja, so sprechen sie in der evangelischen Familie, die Alten zumal, und der Paradigmawechsel steht wie ein Ofen in der Stube, zum Ankuscheln.

Auch die Defizitorientierung muss den Gesprächspartnern als fliegender Bote zu den Herzen der Leser erschienen

sein, denn dreimal kommt sie vor, beim vierten Mal abgewandelt zu der Forderung, man solle ältere Leute «nicht defi-
zitorientiert betrachten». Schande über uns! Hatten wir nicht
ebendies bisher getan? Die Altersarbeit hatten wir «zu wenig
reflektiert», das wird es sein. «Reflektieren wir!», rufen die
Partner einander zu. Nur in der Fürbitte komme die Not der
Alten vor, «nicht in der theologisch-sozialethischen Reflexion
über eine Bevölkerungsgruppe, derentwegen es einiges zu
reflektieren gäbe».

Leute, ihr habt ja so recht, dass man mit dem Nicken gar
nicht nachkommt. Nachdenken also, wie der Duden das Reflektieren übersetzt – wunderbar! Wer wollte das nicht? Und
zur Krönung fordert ihr, die Kirche müsse «die älteren Leute vermehrt auf ihre Agenda setzen». Da grübeln auch wir:
Sitzen sie nicht schon lange auf derselben, und zwar ganz
wohlgemut, einem Wechsel so wenig zugeneigt wie bei den
Paradigmata, die wir doch dauernd wechseln sollen wie an-
geschmutzte Hemden?

So also schreibt man für Gesangbücher und evangelische
Familien. Dies also haben Psalmisten und Evangelisten ver-
säumt und damit bekanntlich alle Chancen ihrer Religion
verspielt. «Der Herr ist mein Hirte», schrieben sie, «mir wird
nichts mangeln» (Psalm 23, 1) – besser natürlich: «Das sollte mich zur Ressourcenorientiertheit ermutigen.» Und dann:
«Bittet, so wird euch gegeben; suchet, so werdet ihr finden;
klopfet an, so wird euch aufgetan» (Matthäus 7, 7). Kein Wort
mehr: Das ist genau die Sprache, mit der Luther vor aller Welt
gescheitert ist.

Wie kommen sie zu ihrem Imponierjargon, die Theologen,
die Pädagogen, die Erklärer von Kirchenliedern? Sie haben
das eine gelernt und das andere dabei vergessen. Gelernt haben sie, einen Wortschatz einzuüben, der zu einem Teil gewiss

nützlich und horizonterweiternd ist – zum anderen Teil aber eine bloße Investition: Da dieselben Professoren, die ihnen dieses Vokabular aufgenötigt haben, ihnen auch die Noten und die Diplome geben, muss man ihrer Erwartung wohl entsprechen.

Vergessen haben sie, sogleich nach dem Examen darüber nachzudenken, wie sie nun verfahren sollen mit solchem Wortgepränge. Es putzen, natürlich – falls sie nämlich ihrerseits eine Professur anstreben. Vielleicht auch sich dort in ihm sonnen, wo es geeignet ist, die Dürftigkeit einer Aussage mit pompösen Begriffen zu kaschieren, in der Politik zum Beispiel oder im Marketing: «Die Erarbeitung eines Gestaltungskonzepts steht im Spannungsfeld dreier Themenkreise» oder «Der Quantensprung des innovativen Herstellerpotenzials ist durch Basisarbeit zu begleiten».

Wie aber, wenn man zu Bürgern, Wählern, Kunden spricht oder gar zu Leuten, die einfach singen, beten oder in ihren kleinen Sorgen ernst genommen werden wollen? Welcher Teufel reitet die Autoren, welcher Beelzebub hat ihnen die Augen verschlossen und die Ohren verstopft, dass sie auch solchen Menschen gegenüber in ihrem Jargon verharren? Die meisten derer, zu denen sie doch reden wollen, verstehen sie nicht, und unter der Minderheit derer, die sie verstehen, überwiegt das Urteil: Welche Hochnäsigkeit, welcher Mangel an Selbstkritik, an Stilgefühl, an Kraft!

Da loben wir uns immer noch Björn Engholm, den ehemaligen Vorsitzenden der SPD. Vor dem zweiten Untersuchungsausschuss in der Barschel-Affäre hatte er sich für eine bestimmte Unterlassung damit entschuldigt, dass er sich «in einer existenziellen Grenzsituation» befunden habe. Auf Nachfrage räumte er ein: «Na ja, ich war voll.» Aber da sieht man, wohin man kommt mit klarem Deutsch: Kurz danach wurde Engholm schmählich gestürzt. Wegen seiner Verstrickung in die Barschel-Affäre, hieß es. Voll daneben! Die Sprache war's.

25

Wer erschafft ein neues Wort?

Kann man ein Wort *erfinden*? Die Chance ist wenig größer als null. Wir können Wörter importieren wie *Glasnost*, wir können Dialektausdrücke in die Gemeinsprache übernehmen wie das rheinische *pingelig*, das durch Adenauer populär geworden ist; abwandeln, abschleifen, abkürzen können wir, auch modisch besetzen und Bedeutungen verschieben – erfinden können wir nicht.

Die Einsicht in dieses Kuriosum wird erschwert durch Fachausdrücke wie «Neologismus» (Neuprägung) oder «sprachliche Innovation» – denn beide verwischen den Unterschied, auf den es ankommt: den zwischen der bloßen *Wortbildung*, dem Spiel mit den vorhandenen Möglichkeiten, und der *Wortschöpfung*, dem Erfinden eines Wortklangs, der bisher nicht da war.

Von der Lautbildung her wäre das gar kein Problem: Da wir zum Beispiel die Wörter laben-leben-lieben-loben haben, aber nur gaben und geben, nicht gieben und goben, könnte man, völlig im Rahmen deutscher Gewohnheiten, beschließen, das Verbum «ich gobe, du gobst» in die Welt zu setzen. Daran bestehe kein Bedarf? So rasch sollte man das nicht behaupten: Mit dem rapiden Fortschreiten der Technik tauchen immer neue Benennungsbedürfnisse auf, und manche *Wortlücken* schleppen wir seit Jahrtausenden mit; so haben wir das Wort «satt» für einen, der genug gegessen hat – aber nichts dergleichen für einen, der genug getrunken hat.

Die Gesellschaft für deutsche Sprache und der Wiener

«Kurier» nahmen dies 1993 unabhängig voneinander zum Anlass, einen Preis für eine gelungene Schließung dieser Lücke auszusetzen; verliehen wurde er nicht: nicht an *lösch* und *blubb*, nicht an *schwapp* und *schmoll*. Tausende von Tüftlern brachten nichts zustande, was der Sprachgemeinschaft hätte zugemutet werden können – und erst, wenn sie eine Lautverbindung versteht und akzeptiert, ist ein «Wort» entstanden.

Daran scheitern auch die Neuprägungen, die zu Tausenden aus den Schlaf- und Kinderzimmern schallen; außerhalb der Familie finden sie keinen Widerhall. Man hätte wohl ein Häuptling oder ein Medizinmann in der Steinzeit sein müssen, um zu erleben, dass der Einfall *gob* für «genug getrunken» von der ganzen Horde übernommen worden wäre – um dann in unserer Zeit in die etymologischen Wörterbücher einzugehen.

Selbst wenn wir aber im Kinderzimmer Zeuge einer Wortschöpfung zu sein glauben, liegt meist nur eine *Verballhornung* vor (ein Wort, das wir unter Ausnutzung unserer grammatischen Möglichkeiten aus dem eigensinnigen Lübecker Drucker Johann Ballhorn abgeleitet haben): Das Kind spielt arglos oder mutwillig mit den Wortfetzen, die bis dahin an sein Ohr gedrungen sind; es *erfindet* also wieder nicht, streng genommen. Der Erwachsene, mit Zehntausenden von Lautbildern im Ohr, hat schon gar keine Chance, sich diesem Einfluss zu entziehen. Das amerikanische Nachrichtenmagazin «Time» rühmt sich der «Innovationen», um die es das Englische bereichert habe; doch überwiegend sind es abgewandelte Importe wie *tycoon* (nach dem japanischen taikun, mächtiger Herr) oder Verschleifungen des vorhandenen Wortschatzes wie *smog* aus smoke und fog.

Nicht einmal denen, die die Kraft und die Freiheit der Erfindung zu besitzen glauben, den Dichtern, will die wirklich freie Schöpfung gelingen. James Joyce zeugte Tausende von Wörtern, die in keinem Lexikon stehen, doch die Anlehnung an den vorhandenen Wortschatz ist zumeist offenkundig. Da prägte er ein Verbum *saale*, das in den drei vorliegenden deutschen Übersetzungen als besabben, beschludern, sulmen wiederkehrt – im Englischen aber durch saliva und salina abgestützt, den Speichel und das Brackwasser, im Deutschen durch sabbern, schludern, sudeln. Thomas Mann spricht im «Zauberberg» von der *grassen* Natur des Schmerzes bei der Rippenfellentzündung – eine Prägung zwischen *krass* und dem mittelhochdeutschen *graz*, was zornig oder wütend heißt.

Da das wirklich neue Wort seit Jahrtausenden kaum noch zu haben ist, sind Dichter wohl besser beraten, wenn sie spielerischen Umgang mit vertrauten Wörtern pflegen – eine Lieblingsbeschäftigung des Robert Walser. Er hat den *Zartian* und den *Empfindian* erschaffen, Frauen lässt er *schmöllelen* und *zürnelen*, ein *blutwürstiges* Sehnen hat er wachgerufen, und in der ersten Person berichtet er: «Ich *taugenichtse* gern in der Nähe von lockenden Esswaren umher» oder: Er sei «von eisernen Entschlüssen erfüllt und von Opernmelodien *durchfeuerteufelt*».

Wir aber, die wir keine Dichter sind, halten uns am besten an Schopenhauers goldene Regel: «Man brauche gewöhnliche Worte und sage ungewöhnliche Dinge.» Die volle Originalität lässt sich ohnehin nur bei totalem Verzicht auf Sinn erreichen – sinnfreie *Hässlichkeit* wie in der kalifornischen Mörderbande des Charles Manson, die 1969 einem Kind den Namen Zezozose Zadfrack Glutz überstülpte, offenbar um die verhasste Gesellschaft auch mit Hilfe ihrer Namenssitten zu zerstören; sinnfreie *Schönheit* wie in Stefan Georges Jugendgedicht in selbsterfundener Sprache:

Co besojo pasoje ptoros
Co es on hama pasoje boañ.

Allen aber, die weniger Phantasie besitzen, könnte es ergehen
wie bei Christian Morgenstern dem Professor Ulich, der einen zusätzlichen Vokal erfunden hat und ihm, da ein neuer
Lautwert leider nicht aufzutreiben war, den Namen «August-
Ulich-Vokal» verleiht.

26

Text vorhanden – Titel gesucht

Angenommen also, Sie wollen die Weltliteratur um einen Roman bereichern, ein Sachbuch, ein Theaterstück – dann kauen Sie vermutlich auf keinem Problem so lange herum wie dem, wie er oder es denn heißen soll. Millionen Titel sind schon da gewesen, mit Hunderttausenden stehen Sie in Konkurrenz, und vorbei sind die Zeiten, da man mit einem so schlichten Etikett wie «Krieg und Frieden» einen Welterfolg erringen konnte.

Etwas mehr darf es heute schon sein: «Die Liebe in den Zeiten der Cholera», zum Beispiel (Gabriel García Márquez) oder «A Woman's Guide to Adultery» von Carol Clewlow, ein Frauenführer zum Ehebruch. Selbst mit einem Theaterstück namens «Shop and Fuck» (Mark Ravenhill), mit «Shoppen und Ficken» kongenial übersetzt, kann man die deutschsprachigen Bühnen erobern. Da Sie, versteht sich, diesen Weg nicht gehen würden, gelten Ihnen die folgenden Empfehlungen.

1. Bloße Namenstitel, obwohl sie scheinbar nichts versprechen, sind als Leseanreiz durchaus bewährt: die Damen «Manon Lescaut», «Anna Karenina», «Effi Briest» und viele andere, die Herren «Don Quijote», «Oliver Twist», «Gösta Berling», «Stiller». Selbst durch den Eigennamen eines Wales – «Moby Dick» – fühlen Leser sich nicht abgestoßen.

2. Die Chancen steigen, wenn der Name um eine schillernde Andeutung bereichert wird: «Die Leiden des jungen Werthers», «Onkel Toms Hütte», «Mein Name sei Gantenbein»;

oder wenn er in rhythmischem Wohlklang vorüberschreitet wie Alphonse Daudets «Tartarin de Tarascon».

3. Wohlklang, gefällige Spielerei mit Worten finden auch abseits der Eigennamen Beifall: «Die Bettlerin vom Pont des Arts» (Wilhelm Hauff), «Dans un mois, dans un an» (Françoise Sagan, Racine zitierend) oder von Michel Leiris das Glockenspiel «Langage Tangage ou Ce que les mots me disent». Der Stabreim ist nicht umzubringen: von «Pride and Prejudice» («Stolz und Vorurteil», Jane Austen) bis zum Bestseller der fünfziger Jahre: «Götter, Gräber und Gelehrte».

4. Nicht mehr empfehlenswert ist eine eher dürftige Aussage wie «Der grüne Heinrich» oder eine fast abstoßende wie «Der Mann ohne Eigenschaften». Auch Stifters «Nachsommer» oder Hesses «Glasperlenspiel» versprechen wenig, es sei denn Besinnlichkeit; und die druckt heute keiner mehr.

5. Hüten sollten Sie sich vor den verschnörkelten Titeln früherer Jahrhunderte, wie «Blumen-, Frucht- und Dornenstücke oder Ehestand, Tod und Hochzeit des Armenadvokaten Firmian Stanislaus Siebenkäs im Reichsmarktflecken Kuhschnappel». Jean Paul schrieb das 1797 – und was konnte der Mann für Titel meißeln, wenn er wollte! In ebenjenem «Siebenkäs» steht ja die ungeheuerliche «Rede des toten Christus vom Weltgebäude herab, dass kein Gott sei».

6. Ebenfalls zu warnen ist vor dem Versuch, sich aus der entmutigenden Titelflut durch prätentiösen Schwachsinn herauszuheben. «wunde. oidipus» heißt ein Schauspiel von Christof Nel, das tatsächlich aufgeführt worden ist, in Hannover. Einen deutschen Rekord hat 1997 Marianne Fritz aufgestellt, Arm in Arm mit Suhrkamp, Deutschlands angesehenstem Literaturverlag, denn er druckte die fünf (fünf!) Bände: «Naturgemäß I. Entweder Angstschweiß Ohnend Oder Pluralhaft». Die 500 Mark, die das Werklein kostete, wa-

ren, naturgemäß II, eine angemessene Buße für den, den der Titel nicht aus der Buchhandlung gescheucht hatte.

7. Am weitesten kommen Sie mit klaren Wörtern, wenn es Ihnen nur gelingt, sie mit Stimmung aufzuladen: «Gone with the Wind» oder «Bonjour, Tristesse»; «Wer einmal aus dem Blechnapf frisst» (Hans Fallada) oder «Briefe, die ihn nicht erreichten», Elisabeth von Heykings Welterfolg von 1903: Ihrem fernen Freund schüttet sie ihr Herz aus, postlagernd, aber nie holt er die Briefe ab, denn er ist tot.

8. Empfehlenswert sind der Überraschungseffekt (Robert Jungk: «Die Zukunft hat schon begonnen»), die Provokation (Dostojewski: «Der Idiot», Nietzsche: «Jenseits von Gut und Böse») oder das klare Versprechen von Aufregung und Untergang: «Die letzten Tage von Pompeji».

9. Im Englischen ist es vermutlich leichter, griffige Titel zu formulieren (oder der Ehrgeiz, dies zu tun, ist stärker ausgeprägt). «We now Know», heißt ein Rückblick auf die Wirrnisse des Kalten Krieges (J. L. Gaddis). Über den Niedergang des Vereinslebens in Amerika schrieb Robert D. Putnam lakonisch: «Bowling alone», «Allein zum Kegeln». Und ein englischer Literaturkritiker gab seinem Buch über «50 berühmte englische Dichter, auf die wir verzichten könnten» einen Titel, der wie von einer Stahlsaite schwirrt: «50 Famous English Poets We Could Do Without».

10. Wer Glück hat, findet einen Verleger, der seinem Buch durch einen völlig falschen Titel zum Erfolg verhilft: «Und die Bibel hat doch recht», Bestseller vor fünfzig Jahren. Inhalt: Die meisten Wunder lassen sich auf natürliche Weise erklären; für das Wirken eines allmächtigen Gottes bleibt kein Raum. «Und die Bibel hat uns etwas vorgemacht», hatte der Autor sagen wollen – aber hätten das die Tanten ihren Neffen geschenkt?

Also, frisch ans Werk!

27

Nachruf aufs Esperanto

Es ist still geworden um die Welthilfssprachen, die ein paar versponnene Köpfe am Schreibtisch ersonnen haben. Unter dem Dutzend, von denen man weiß, war das Esperanto die bekannteste, von dem polnischen Augenarzt Ludwig Zamenhof 1887 konstruiert. Stalin wie Hitler nahmen es wichtig genug, um es zu verbieten, so widerlich fanden sie seinen am lautesten herausgestellten Vorzug, die wahre Internationalität; und vor einem halben Jahrhundert gab es keinen größeren Kongress, bei dem nicht mindestens ein Teilnehmer forderte, die Diskussion in Esperanto fortzusetzen.

Woher kommt es, dass man die Kunstsprachen wohl allesamt für tot erklären darf – obwohl sie doch so durchschlagende Vorzüge haben: den logischen Aufbau, die simplen Regeln und eben die Unabhängigkeit von einer imperialen Macht? Vermutlich daher, dass sie allesamt an drei Schwächen kranken, Esperanto noch an einer mehr.

Keiner Nationalsprache die Weltgeltung gönnen – das hört sich hübsch an und ist zugleich der drastischste Nachteil der Kunstsprachen. Denn immer nur durch Vorherrschaft sind Weltsprachen entstanden, Griechisch und Lateinisch, Arabisch, Spanisch und Französisch – durch militärische, wirtschaftliche und kulturelle Übermacht. Das Englische aber trifft ins Zeitalter der erdumspannenden Kommunikation, Amerika kann seine Filme, Serien und Schallplatten bis zu den Fidschi-Inseln jagen. Von Österreich bis Island werden Schlager englisch gesungen und wissenschaftliche Aufsätze englisch publiziert. Noch nie war der Bedarf an einer Kunstsprache so gering.

Zum Siegeszug des Englischen hat ein Unterschied zu allen früheren Weltsprachen beigetragen: seine für den Ausländer überaus erfreuliche Armut an Flexion. In keiner anderen Kultursprache wird so wenig konjugiert und dekliniert, in keiner anderen also wird man so selten durch das Ärgernis behelligt, beim Sprechen grübeln zu müssen, ob hier ein n, dort ein s anzuhängen ist, und nur geschrieben oder auch gesprochen?

Auf diesem Feld hat das Esperanto jene Torheit begangen, die es gegenüber den anderen Kunstsprachen zusätzlich in Nachteil bringt: Es verlangt eine komplizierte Deklination unter Einschluss des Adjektivs. *Ili amas liajn bonajn amikojn* heißt nichts anderes als «They love their good friends». Gemeinsam ist dem Esperanto mit allen anderen Kunstsprachen, dass ihnen außer der Macht auch die Wärme fehlt, und selbst ihre strikte Logik geht uns im Grunde auf die Nerven.

Kunstsprachen bieten keine Kinderlieder und keine Verse an, keine Flüche, keine Witze, keine Redensarten. Ihre Wörter sind eindeutig und folglich einschichtig, sie haben keine Aura und keine Tiefe. Was schwingt nicht alles in einem prallen Wort wie *Mutter* mit: liebende Mütter und Rabenmütter, Stiefmütter und Schwiegermütter, Mutter Courage und Mutter Teresa, die Muttersprache und der Mutterboden, Hitlers Mutterkreuz und seit der Drohung Saddam Husseins «die Mutter aller Schlachten»! Selbst in diesem uralten Schlüsselwort ist also Bewegung, es lebt, changiert und ruft immer neue Emotionen wach.

Solche Lebendigkeit rührt nun gerade davon her, dass das Wort «Mutter» mit der Logik nicht oder nur zum Teil zu fassen ist. Selbst dort aber, wo man die Eindeutigkeit und

Regelhaftigkeit bejahen müsste, in der Wissenschaft, ergäben sich Probleme. Da stellte 1906 der amerikanische Pfarrer Edward Foster die Kunstsprache *Ro* vor, die das Entzücken aller Philosophen hätte sein müssen; Descartes und Leibniz träumten von dergleichen. Foster teilte den Wortschatz in siebzehn Gruppen ein, die mit siebzehn verschiedenen Konsonanten beginnen: alle Gegenstände mit *b*, alle Tiere mit *m*. Die Säugetiere setzen sich mit *ma* fort, die Huftiere mit *mam*, die Einhufer mit *mamb*, und nachdem der Leser Buchstabe um Buchstabe zur niedrigeren Ordnung geführt worden ist, stößt er auf *mamba*, das Pferd, *mambi*, das Zebra, *mambe*, der Esel.

Doch ebendieses eindrucksvolle Sprachgebäude würde sich in der Praxis als Kartenhaus erweisen. Angenommen, Zoologen diskutierten über Pferde, Esel, Maultiere und Zebras. Dass die vier nahe Verwandte sind, weiß ohnehin jeder Beteiligte; vor akustischem Missverständnis aber ist er durch den völlig unterschiedlichen Wortklang geschützt. Müsste man in dieser Runde dagegen von mambas, mambis, mambos und mambes sprechen, so würde es zu unzähligen Rückfragen und Verwechslungen kommen. Es ist also praktisch, die biologische Nähe *nicht* in eine Ähnlichkeit des Wortbilds zu übertragen – wie umgekehrt noch kein Ornithologe, der vom Strauß sprach, in seinen Zuhörern die Vorstellung Blumen, Johann, Richard oder Franz Josef hervorgerufen hat. Unlogisch, schillernd und ewig bewegt, so sind die lebenden Sprachen, und ebendies macht sie liebenswert und für die meisten Lebenslagen tauglich.

Mit dem doppelten Boden der natürlichen Wörter ausdrücklich zu spielen gehört zu unserem größten Sprachvergnügen, nach dem Muster: «Man tagt und tagt, aber es dämmert keinem» oder «Die Anziehungskraft der Erde lässt allmählich nach» oder «Man wähle von zwei Politikern das kleinere», und ein Esperanto, das uns nötigte, das Wort «Übel» hinzuzufügen, verdürbe uns das Spiel. Ruhet sanft, ihr Interlinguas und Volapüks; die Sprache, sie ist nicht so.

28

Der vierstöckige Hausbesitzer

Wolf Biermann wirft seinen ostdeutschen Landsleuten ein «breitärschiges Selbstmitleid» vor, und dafür sollten wir ihn loben: nicht um der leicht vulgären Wortwahl willen und schon gar nicht, um ihm in der Sache recht zu geben – sondern weil er sich ein unverbrauchtes, kraftvolles, böses Adjektiv zusammengesetzt hat, und das ist eine Rarität. Die meisten Eigenschaftswörter, die wir uns anhören müssen oder selbst verwenden, sind überflüssig, ausgewaschen, anmaßend oder falsch.

«Große Waldbrände wüten in Frankreich», heißt die Zeitungsüberschrift – natürlich, kleine Brände wüten nicht. «Einen wunderschönen guten Morgen» wünschen einander viele Menschen, die Güte des Morgens allein täte es nicht. Für die Alltagsrede mag das angehen, in der Zeitung ist es schon bedenklicher; wer aber auf Stil Wert legt, der sollte drei von vier Adjektiven streichen, die ihm aus der Feder geflossen sind.

Die Warnung ist uralt. Vor fast zweitausend Jahren verglich der römische Rhetor Quintilian einen Text voller Adjektive mit einem Heer, in dem hinter jedem Soldaten ein Kammerdiener hergeht; die Kammerdiener – das sind die Adjektive. Vor hundert Jahren hängte der Zeitungsverleger und spätere französische Ministerpräsident Georges Clemenceau in seinen Redaktionen das Schild auf: «Bevor Sie ein Adjektiv hinschreiben, kommen Sie zu mir in den dritten Stock und fragen, ob es nötig ist.»

Dabei haben Romanen ebenso wie Engländer ein viel innigeres Verhältnis zum Adjektiv als wir: *polizia stradale, centre sportif* und *lucky star* heißen auf Deutsch Glücksstern, Sportzentrum und keinesfalls «straßliche Polizei». Wir hätten also allen Grund, die Warnung doppelt zu beherzigen. «Psychisch und physisch krank» – das ist Augenwirrwarr, Zungenbrecher und schlechtes Deutsch in einem; «krank an Leib und Seele», das wäre es!

Warum nun sind die Adjektive so beliebt, wenn sie doch allen Stillehrern als schlecht gelten? Und warum werden sie getadelt, wenn sie doch so beliebt sind? Und gibt es nicht auch Eigenschaftswörter, die wir würdigen sollten? Beliebt sind sie, weil sie einen Text mit geringem Aufwand schmücken, wie Rauschgoldengel einen Weihnachtsbaum. Prächtig, riesig, irre, affengeil: Danach wird gern gegriffen, je nach Lebensalter, das befriedigt das verbreitete Bedürfnis nach Geschwätz und nach dem Anschein von Bedeutung.

Im bürokratisch-akademisch-werblichen Umfeld erleben die Adjektive seit Jahrzehnten einen zusätzlichen Boom. Wer früher Reklame machte, rühmt sich heute seiner werblichen Aktivitäten; wer einst Probleme in der Schule sah, erkennt sie heute im schulischen Bereich; und wer in einer Doktorarbeit den Begriff «Dialektgebrauch» verwendete, hätte sich an der akademischen Mode versündigt, die den dialektalen Sprachgebrauch verlangt.

Manches Eigenschaftswort putzt ja wirklich ungemein: Ein Billigblatt lässt sich viel leichter als «Zeitschrift im niedrigpreisigen Segment» verkaufen; ein Student, der über die Kriegsliebe absolutistischer Fürstenhäuser schrieb, adelte sich zum Wissenschaftler, indem er die Vorliebe in den Rang einer bellizistischen Disposition erhob; und ein Soziologe, der im «Spiegel» vor einem Waffengang dicht unterhalb des Holocaust warnte, sprach stattdessen vom subholozidalen militärischen Vernichtungspotenzial. Der Mann wird es weit bringen.

Falsch schließlich sind Zeitungsüberschriften wie «Irische Ablehnung der EU-Verfassung», denn die Ablehnung durch Irland ist ein Vorgang, nicht aber «irisch» eine Eigenschaft der Ablehnung. Und falsch sind die beliebten Floskeln nach Art von «sinkende Preistendenzen» – denn eine Tendenz zu sinkenden Preisen ist so wenig eine sinkende Preistendenz, wie wir von einem wollenen Strumpffabrikanten, einem freilaufenden Hühnerhalter oder einem warmen Würstchenverkäufer sprechen.

Und das gute, das treffende, das notwendige Adjektiv? Es ist entweder ein Mittel nüchterner Unterscheidung («Das gelbe Kleid, nicht das grüne!»), oder es möge witzig, saftig, verblüffend sein. «Auf dem Antlitz Seelenruhe, an den Füßen *milde* Schuhe», wie Wilhelm Busch die Hebamme beschreibt – diese Zusammenstellung hatte man nie zuvor gelesen, und sie trifft. Goethe warf den Byzantinern vor, nie hätten sie sich «aus dem Kummer ihrer *ausgetrockneten* Pinselei» hervorheben können. Lichtenberg wusste den Genuss eines guten *elastischen* Dorfmädchens zu schätzen und schrieb über einen Zeitgenossen, er habe eine so *frachtbriefmäßige* Art, sich auszudrücken, dass es kein lebender Mensch bei ihm aushalten könnte. Ein Kritiker der «Frankfurter Allgemeinen» verspottete einen Schriftsteller als *unerschrockenen* Stilisten; das Streiflicht der «Süddeutschen Zeitung» schwärmte vom «*todestrunkenen* Zahnfleisch des großen Placido Domingo».

Wer solche Blumen nicht zum Blühen bringen kann, der versucht am besten, ohne Adjektive auszukommen, sobald er das Umfeld der nüchternen Information («das gelbe Kleid») verlässt. Das meiste, was der Schreiber in die Adjektive legt, ahnt der Leser ohnehin. «Am Brunnen vor dem Tore …» Am

ausgetretenen, erinnerungsgesättigten, vor dem weinlaub-
umrankten, wenn auch halb verfallenen? Da stünde also ein
uralter, ein knorriger, wunderschöner, kühlen Schatten spen-
dender? Ach was: «... ein Lindenbaum.»

29

Musik – tonlos und flächendeckend

Wollt ihr Geigenspielen lernen, liebe Kinder? Oder wollt ihr lieber eine flächendeckend durchgeführte Veranstaltung zur Instrumentenwahl besuchen? Die Jugendmusikschule einer Großstadt hat sich für die zweite Formulierung entschieden. Und so falsch es wäre, mit Kanonen auf Spatzen zu schießen, sosehr bietet es sich an, anhand eines Stückleins Alltagsprosa anschaulich zu machen, wie farblos, wie bürokratisch gebläht und akademisch verbogen man mit Eltern und Kindern reden kann, wenn man glaubt, da liege kein Problem.

Es sei bald die Zeit gekommen, wo entschieden werden sollte, ob das Kind ein Instrument erlernen möchte – so beginnt der Brief an die Eltern. In Ordnung. Nun weiter: «In diesem Entscheidungsprozess …» Schon damit hat der Absturz begonnen. Was fügt der «Prozess» der Entscheidung hinzu? Etwa so viel wie der Heilungsverlauf der Heilung (die ja keine wäre, wenn sie nicht verliefe). «Dabei» hätte völlig genügt. Warum die Prozesshaftigkeit typischer Entscheidungsverläufe herausstellen? Damit die Eltern es lieber lesen? Damit ihr Kind lieber zur Geige greift?

Und wer steht den Eltern und Kindern in diesem Prozess mit Rat und Tat zur Seite? «Die Musiklehrkraft. Im Verlauf des Monats wird sie …» Kein Lehrer also und keine Lehrerin, sondern eine Lehrkraft – ein bisschen abseits des Sprachgebrauchs, aber vorbildlich geschlechtsneutral. Mit dem Nachteil freilich, dass dann *sie* den Rat erteilt, selbst wenn

114

sie ein Mann wäre. Das ist ja grammatisch nicht falsch, aber etwas verwirrend zu lesen, ähnlich, als wenn es von einer anderen Lehrkraft hieße, dass sie ihrem Sohn ein guter Vater sei.

Auch könnte es männliche Leser oder Lehrer geben, die in dem *sie* eine fahrlässige oder listige Benachteiligung ihres Geschlechts aufspürten und folglich die Gegenforderung erhöben, die Geschlechtsneutralität in sauberem Wechsel so zu wahren, dass umgekehrt unter *er* auch eine Frau verstanden werden kann. Kein Problem! Man brauchte nur auf die Bezeichnung «Lehrkörper» für die Gesamtheit der Lehrkräfte zurückzugreifen: Dann dürfte man über fünf Lehrerinnen sagen, *er* erteile Musikunterricht, und das wäre nur gerecht.

Flächendeckend könnten die «Veranstaltungen zur Instrumentenwahl» erst in einigen Jahren durchgeführt werden, heißt es weiter. Flächendeckend! Welch schönes Wort für Handelsvertreter und für Bomberkommandos. Wie man Flächen mit Veranstaltungen deckt, bleibt offen; ebenso, ob ein ganze Flächen abdeckendes Oboenkonzert auch nur dem geübten Ohr erfreulich wäre.

Wo und wie können Kinder und Eltern die Instrumentenlehrkräfte erleben? «Live auf der Bühne.» Das ist plötzlich eine Anleihe aus dem Jargon der Rock- und Popkonzerte («live in concert»), also erstens ein Stilbruch und zweitens überaus überflüssig: Wer auf der Bühne oder im Konzert agiert, hat es schwer, dies nicht «live» zu tun, und dass Lehrer live unterrichten, ist keines Hinweises würdig (erst in ein paar Jahren vielleicht, wenn der Lehrkörper im Computer hockt).

Und was können die Kinder tun? «Instrumente aus der Nähe besehen, befühlen und ausprobieren.» Wie um Himmels willen soll man ein Instrument befühlen, *ohne* es aus der Nähe zu sehen? Und wie *reden* Kinder: Darf ich mal dein Cello befühlen?

Da der Platz knapp sei, schließt der Brief, sollten interessierte Eltern ihren Kindern den beigefügten Zettel mitgeben; «ohne Gegenbericht von Seiten der Jugendmusikschule können Sie davon ausgehen, dass aufgrund dieser Interessenerhebung genügend Platzkapazität vorhanden sein sollte». Auf Deutsch: Wenn Sie nichts von uns hören, werden wir einen Platz für Sie haben. Gegenbericht! Interessenerhebung! Und was fügt die «Platzkapazität» dem Platz hinzu? Platz haben oder nicht, das war schon immer ein Kapazitätsproblem.

Stünde nun diesem Deutsch aus den Tiefen der Katasterämter ein einziger frischer Satz gegenüber oder käme zum Beispiel eine Klarinette vor, irgendetwas zum Anfassen – man wäre getröstet. Den Wettlauf mit Kapazität, Prozess und Erhebung aber muss «das Instrument» bestehen, der blasseste mögliche Oberbegriff. Welche Instrumente? Keine Auskunft. Führt der Lehrkörper auch eine Einweisung in Kontrabass und Tuba durch? Wenn ja – wie erstaunlich! Wenn nein – welche Pointe! («Tuba lehren wir zwar nicht, aber schon die Posaune ist kein Problem für uns.»)

Nichts für ungut, liebe Jugendmusikschulgebietsleiterin! Ihr Brief ist gut gemeint, sachlich einwandfrei und grammatisch völlig korrekt. Nur Musik hat er nicht. Wollten Sie nicht eigentlich werben dafür, dass möglichst viele Kinder sich ans Musizieren machen? Sollten Ihre Sätze dann nicht rote Backen haben? Sollten sie nicht ermuntern, sich auf das kleine Abenteuer einzulassen? Müssten sie nicht auch die Eltern motivieren? (Denn schließlich kommen Kosten auf sie zu, viel Überzeugungskraft und manch schmerzliches Geräusch.) Wo bleibt die Anekdote von dem faulen Virtuosen, wo ein Spritzer Fröhlichkeit?

Das alles muss ja nicht sein. Etliche Kinder werden durchaus live in die Befühlstunde kommen. Es ist nur schade um jede Geige, die mit Hilfe solcher Sprachprozesse ungefidelt bleibt.

30

Nur wer stolpert, schläft nicht ein

Habe ich schon gesagt, dass die Fähigkeit, uns zu wundern, das Einzige ist, was wir brauchen, um gute Philosophen zu werden? Wenn nicht, dann sage ich das jetzt: Die Fähigkeit, uns zu wundern, ist das Einzige, was wir brauchen, um gute Philosophen zu werden.»

Diese struppige Passage ist dem Bestseller von 1991, «Sofies Welt», entnommen, der Philosophiegeschichte von Jostein Gaarder, die in eine Erzählhandlung eingebettet ist. Die hartnäckige Wiederholung hat eine doppelte Funktion: Sie erleichtert es dem Leser, sich die Aussage einzuprägen, und noch vorher hat sie als Stolperstein gewirkt – hoppla, was ist denn hier passiert! Zweimal hintereinander dasselbe, das stößt unsere Gewohnheit um.

Und ebendiese Störung erhöht die Durchblutung des Vorderhirns. Der kalkulierte Verstoß gegen eingerastete Erwartungen ist ein vorzüglicher Kunstgriff für jeden, der seinen Worten Aufmerksamkeit verschaffen will, ob er Journalist, Werbetexter, Lehrer oder Pfarrer ist oder ob die Umstände ihn zwingen, eine Tischrede zu halten.

Kalkulierter Verstoß, darauf kommt es an. Einen Weg über lauter Stolpersteine beschreitet keiner gern; die Kunst besteht darin, die Steine in Abständen zu platzieren, die geeignet sind, den Spaziergänger am Träumen zu hindern, den Zuhörer am Abschweifen, den Leser am Einschlafen. Wer pausenlos seine Erwartungen bedient findet, der nickt vielleicht dann und wann, aber über kurz oder lang nickt er ein.

Was brachen die Teilnehmerzahlen? Die Erwartung ist eindeutig: alle Rekorde. Wie hast du geschlafen? Wie ein Murmeltier. Der langen Rede welcher Sinn? Der kurze. Womit hat er das Kind ausgeschüttet? Mit dem Bade. Das kennen wir alles, das plätschert vorüber, das strapaziert uns nicht, wie schön; aber es stimuliert uns nicht, wie schade. Lauschen wir einem Soziologen, so wird er alternative Lösungsansätze oder multikulturelle Aktivitäten thematisieren, und kein Politiker wird es versäumen, sich den unabdingbaren Herausforderungen der Zukunft entschlossen zu stellen. Ja doch, ja!

Wer uns als Leser oder Hörer gewinnen will, schuldet uns dann und wann die kleine Überraschung, das mutwillige Herausspringen aus den allzu ausgefahrenen Gleisen und die leichte Anspannung im Vorderhirn, die daraus folgt. Wer *in der Sache* etwas Aufregendes mitzuteilen hätte, der brauchte sich um die Form nicht zu sorgen – etwa wenn der Tischredner zur Silberhochzeit verkündete, das Jubelpaar habe soeben die Scheidung eingereicht. Den meisten Rednern oder Schreibern aber bleibt nichts, als sich der *Form* zu bedienen, wenn sie gelegentlich eine kleine Unruhe in das Gewohnte tragen wollen.

Sprachschablonen zu meiden ist dabei die Mindestforderung. Die Winterstarre des Murmeltiers kann nach den ersten sieben mal siebenhunderttausend Schlafperioden Leser und Hörer nur noch zum Gähnen bringen; wem also nichts Besseres einfällt, der behellige das Murmeltier nicht länger und habe einfach tief geschlafen. Aber erlaubt wäre es natürlich und eine höhere Form der Kunst, sich interessant zu machen, wenn einer geschlafen hätte wie ein Bär; damit wäre, bei Wahrung der zoologischen Korrektheit, eine Schablone zerbrochen, ein uraltes Bild mit neuem Leben aufgeladen, ein kleiner Stolperdraht gespannt.

Das Spiel mit den allzu abgegriffenen Bildern lässt sich noch verfeinern, indem man sie auf den Kopf stellt: Da behauptet einer über einen Zeitgenossen, er habe versucht, aus seiner Mördergrube ein Herz zu machen, und im Ersten Weltkrieg schrieb Karl Kraus in einer scheinheiligen Naturbetrachtung, die Pilze schössen mal wieder wie die Munitionsfabriken aus dem Boden.

Eine ziemlich zuverlässig einschläfernde Wirkung geht von der konstanten Bosheit, der goldenen Mitte, dem bitteren Ernst, dem strengen Stillschweigen aus – jenen Zwangs-Ehen zwischen einem Substantiv und einem Adjektiv, deren Scheidung seit Jahrzehnten überfällig ist. Unter den Eigenschaftswörtern könnte man es mit jenen bildhaften versuchen, die jeder versteht, aber kaum einer noch verwendet: vierschrötig und bärbeißig, duckmäuserisch und hasenherzig. Robert Walser sagt den Reichen nach, ihre Herzen seien «kalt, weit, geheizt, gepolstert und vernagelt»; und wie schön, wenn Ramón Pérez de Ayala seinen Helden «scharf und sieghaft schnarchen» lässt.

Ein fruchtbares Feld (nicht ein «weites»: Das ist längst abgeerntet durch Theodor Fontane und Günter Grass) sind frisch ersonnene Vergleiche, wenn sie denn treffen wie im «Spiegel»: Es gebe Kapitäne, die von Navigation so viel verstünden «wie der Fisch vom Stäbchen». Die Mittel sind unzählig und stellen sich ein, wenn man nur den Zweck bedenkt: Hin und wieder rütteln muss ich jeden, auf den ich mit Worten wirken will. Das haben auch jene amerikanischen Firmen verstanden, in denen man das Schild hängen sieht «Learn from mistekes!». Ja, aus Fählern lernen, das sollten wir alle, habe ich das schon gesagt?

31

Gott in zwei Buchstaben

Wenn Liebespaare ihre Initialen in Baumrinden oder Parkbänke ritzen, so schwingt der uralte Glaube mit, Buchstaben besäßen eine magische Kraft: Selig werde man wiederkehren, und die Liebe währe ewiglich. Dies als faulen Zauber abzutun, weil alle Lebenserfahrung das Gegenteil beweise, wäre voreilig.

Alle Schrift hat ja einst als Zauberei begonnen: Es waren die Priester im alten Ägypten und in Babylonien, die zunächst die Bilderschrift erfanden und dem staunenden Volk bewiesen, welche Macht über Menschen und Götter ihnen damit zuwuchs, und Moses empfing die Zehn Gebote auf «zwo Tafeln des Zeugnisses, die waren steinern und geschrieben mit dem Finger Gottes».

Als die Griechen im 10. Jahrhundert v. Chr. von den Phöniziern die Lautschrift übernahmen und ihrem Siegeszug durchs Abendland den Weg bereiteten, da ging ein Teil der heiligen Geltung und der magischen Kräfte, die bis dahin in den Hieroglyphen wohnten, auf die neuartigen Buchstaben über – erstaunlich genug, denn sie sind ja vollkommen willkürliche Symbole, in die wir alles, was sie uns bedeuten, erst hineininterpretieren müssen. Und doch spricht Gott in der Offenbarung Johannis dreimal: «Ich bin das A und O.» Ich, der Herr, *bin* also Alpha und Omega, der Anfang und das Ende, ich identifiziere mich mit dem ersten und dem letzten Buchstaben des griechischen Alphabets.

Noch mehr: Das Buch «Sefer Jezira», zwischen dem 3. und

6. Jahrhundert im Orient entstanden, lehrte, Gott habe die Welt erschaffen mit Hilfe der Zahlen von 1 bis 10 und der 22 Buchstaben des hebräischen Alphabets. Dieses Buch wurde ein Standardwerk der Kabbala, der jüdischen Mystik, wie sie sich im 13. Jahrhundert von Spanien aus über Europa verbreitete.

Auch die Buchstabenspielereien, die wir noch lieben – Stabreim, Endreim, Schüttelreim und Palindrom –, haben ihren Ursprung in dem Glauben, dass Buchstaben mehr sind, als sie scheinen; dass sie Offenbarungen enthalten oder Götter gängeln könnten. Das älteste dieser Rituale ist das magische Quadrat: ein Schachbrettmuster, in das man Zahlen oder Buchstaben so einsetzt, dass sie vorwärts und rückwärts, aufwärts und abwärts dieselbe Summe oder dieselben Wörter ergeben.

Unter den Buchstabenquadraten ist eines, das im alten Pompeji entstand, Gläubige jahrhundertelang bewegte und Tüftler bis heute beschäftigt:

```
S A T O R
A R E P O
T E N E T
O P E R A
R O T A S
```

Technisch ist das korrekt, und man kann sich ausmalen, wie viel Fleiß und Scharfsinn einst dafür aufgewendet worden sind. Nur der Sinn gibt Rätsel auf; dass er darin verborgen sein müsse, daran zweifeln sie natürlich nicht, die unzähligen Anhänger der Sprachmagie. *Sator* ist der Sämann oder der Schöpfer, *opera* das Werk, das Produkt, *rota* das Rad, und *tenere* heißt halten. So reichten die Übersetzungsversuche von «Sämann Arepo hält mit Mühe die Räder» bis «Christus, der Sämann, hält mit dem Pflug des Kreuzes das Rad des Schicksals auf». Sinnvoll ist das ja nicht gerade – aber magisch eben.

Für *arepo*, das man im Lexikon nicht findet, ist noch in jüngster Zeit die Theorie entstanden, das sei nur falsch gelesen, in «Furchenschrift» sei es geschrieben – so, wie der Ochse den Pflug zieht: In der ersten Zeile beim R von *sator* angekommen, wendet er in der zweiten Zeile natürlich zum O. Dann wird aus arepo *opera*, noch einmal, und dann hält einfach der Schöpfer die Welt zusammen, *sator opera tenet*.

Ein größeres und zugleich weniger magisches Vergnügen finden viele heute an den *Palindromen* (Wider- oder Gegenläufern) – Wörtern oder Sätzen, die man zwar nicht aufwärts und abwärts, aber immerhin vorwärts und rückwärts lesen kann: Reittier, Reliefpfeiler und unter den Sätzen das ziemlich alberne Urmodell: «Eine treue Familie bei Lima feuerte nie.» Die Spielregel einzuhalten ist ja schwierig genug – aber wie viel Bastelarbeit muss in wie vielen Köpfen stattgefunden haben, damit Sätze von Klang entstehen konnten wie «Risotto, Sir?» oder «Grub Nero nie in Orenburg?», ja sogar von leidlichem Sinn wie «Liese, tu Gutes, eil!» oder «O Genie, der Herr ehre dein Ego!». Einen geschwätzigen Menschen kann man anherrschen: «Plaudere, du Alp!» und einen Macho mit dem Zuruf kränken: «Im Latz Talmi.»

Und mit welchen Worten könnte sich der erste Mensch seiner soeben erschaffenen Frau vorgestellt haben? «Madam, I'm Adam»; während von oben die Stimme ertönte: «Dogma: I am God.» Nicht gerade mit dem Finger Gottes geschrieben, doch eine Buchstabenzauberei, die uns schmunzeln lässt.

Ratlos dagegen stehen die meisten vor Albert Einsteins Weltformel $E = mc^2$. Sie ist gewiss korrekt und ein Genieblitz obendrein. Aber man darf vermuten, dass Einstein auch ein wenig Genugtuung darüber verspürte, in drei Buchstaben das Universum zu besitzen.

32

Das Moshimoshi-Problem

Wäre das Übersetzen eine logische Prozedur, so müsste bei der Rückübersetzung aus einer Fremdsprache der Ursprungstext wieder dastehen; aber was geschah, als ein chinesischer Germanist den Spruch «Aus den Augen, aus dem Sinn» ins Chinesische übersetzt und ein deutscher Sinologe das chinesische Äquivalent ins Deutsche zurückgeführt hatte? Der Spruch hieß nun: «Blind und auch noch schwachsinnig.» Daraus folgt die Warnung an Zeitungsleser: Wenn wir auf Deutsch serviert bekommen, was eine amerikanische Nachrichtenagentur als Rede eines japanischen Politikers bezeichnet, so haben wir leider nicht annähernd erfahren, was der japanische Politiker gesagt hat.

Und nun sollen also die Computer helfen – Logik in die Sprache bringen und Verlässlichkeit in übersetzte Texte? Computer sollen schaffen, was den Menschen kaum gelingt?

Der Bedarf ist enorm: Milliarden werden ausgegeben bei den Vereinten Nationen in New York, bei der Europäischen Union in Brüssel, bei den internationalen Konzernen, die ihre technischen Handbücher, Kataloge und Gebrauchsanweisungen tonnenweise in Dutzende von Ländern transportieren. Da kann der Computer durchaus helfen: vor allem, indem er das perfekte technische Wörterbuch herstellt. Es schlägt nicht nur für jeden Begriff ein oder zwei Entsprechungen vor wie das gedruckte, sondern es speichert alle Übersetzungen, die in New York und Brüssel je verwendet worden sind, und ermöglicht es den Übersetzern über Tausende von Kilometern hinweg, sich auf das Optimum zu einigen. Auch kann der Computer alle je eingegebenen Sätze festhalten, sie wiedererkennen und so dem Menschen am Bildschirm die neuerliche Arbeit ersparen. Tausende von Übersetzern werden da entlastet und Millionen Übersetzungen schneller und besser erledigt.

Doch die Wünsche ihrer Auftraggeber gehen viel weiter und ebenso der Ehrgeiz einer neuen Zunft, der Computer-Linguisten: Den Mittler aus Fleisch und Blut wollen sie entbehrlich machen. Wird der Rahmen eng genug gesteckt, so kann das sogar gelingen: bei Katalogen beispielsweise, dort also, wo ein begrenzter Wortschatz mit dem Verzicht auf komplette Sätze einhergeht. Auch Sätze meistern die aufwendigsten der heute vorrätigen Übersetzungsmaschinen, jedoch nur dann, wenn die Sätze einfach strukturiert sind. Und schließlich gibt es Programme mit Tausenden von geläufigen Redewendungen (also mit der Chance, dass der Sinn nicht als Schwachsinn zurückkommt).

Das ist eine Menge. Das meiste indes – alles, was nicht wiederkehrende Floskel, nicht simpler Wortschatz in gestanzten Sätzen ist – entzieht sich bis heute den Möglichkeiten des Computers; die Experten streiten sich nur, ob das noch einige Jahrzehnte so bleiben wird oder für immer. Wird der Computer je die drei Bedeutungen des Wortes *lauter* unterscheiden können in lauter sprechen, lauter sein und lauter Lügen? Wird er je begreifen, dass man nicht nur einen Rat ausschlagen kann, sondern auch einen Zahn und einen Karton mit Papier, während Zeiger und Bäume das Ausschlagen ohne uns besorgen? Plagen sich die lebendigen Übersetzer nicht seit Generationen mit Problemen, die auch für sie unlösbar sind: *Liebe* umfasst *amour, affection* und *charité* – was schreibt der Franzose hin? Das amerikanische Modewort

126

sophisticated kann auf Deutsch geistreich, gewitzt, kultiviert und weltläufig bedeuten, aber auch raffiniert, ausgefuchst, spitzfindig und neunmalklug. Der Mensch kommt da ins Grübeln; ein geistreicher Computer von einigem Anstand müsste schweigen.

Dies alles bei *geschriebenen* Texten. Besteht denn eine Chance, dass *gesprochene* Texte in *hörbare* Sprache übersetzt werden – dass also Geschäftsleute aus fremden Kulturkreisen miteinander telefonieren könnten, ohne die Sprache des anderen zu verstehen, ja dass bei internationalen Konferenzen der Simultandolmetscher entbehrlich würde?

Der erste Schritt, immerhin, ist getan: der vom *Mündlichen* zum Schriftlichen – der Spracherkennungs-Computer, der das gesprochene Wort in einen geschriebenen Text umsetzt. Wenn der Sprecher sich der Hochsprache bedient, scharf artikuliert und seltene Wörter meidet (wie «saumselig» oder «verständnisinnig»), können die besten Programme schon einen zu 90 Prozent korrekten Text produzieren. (Konrad Adenauer wäre dabei ziemlich gut bedient worden – mit seinem Wortschatz von angeblich nur tausend Wörtern; allerdings hätte er mit seinem berühmten Satz «Je einfacher reden ist eine wertvolle Gabe Gottes» das Grammatik-Programm des Sprachcomputers überfordert.) 2009 wurde ein «Dolmetsch-Handy» vorgestellt, das einfache Sätze, in fremder Sprache gesprochen, übersetzt auf dem Display erscheinen lässt.

Zum Endziel indessen führt noch ein langer Weg: die richtig erkannten gesprochenen Wörter auch hörbar simultan zu übersetzen. Was von Schrift zu Schrift oder vom Mund zur Schrift schwierig genug, jedoch tendenziell zu meistern ist, steckt beim Weg vom Mund zum Ohr noch in den Kinderschuhen. Wir sind ja weiter als 1993, aber nicht sehr viel: Da fand das erste Telefongespräch mit automatischer Übersetzung statt, zwischen Pittsburgh und Kioto. Der Japaner begann mit den Worten: «Moshimoshi.» Der Computer stürzte sich in seine Milliarden Rechenoperationen, und nach zwölf Sekunden ertönte in Pittsburgh die synthetische Stimme: «Hello.»

33

Wie man sich nach oben liest

Jedes Kind erlernt die Sprache dadurch, dass es Menschen lauscht, die eine Reihe zunächst unverständlicher Laute von sich geben und, wenn sich die ersten Rätsel lösen, immer noch viel besser sprechen als es selbst. Schade, dass so viele Erwachsene aufgehört haben, sich ihrerseits an Sprachmodellen fortzubilden, die ihrem eigenen Können überlegen sind. Wer sich mit «Bild» oder «Blick» oder der Fernsehunterhaltung zufriedengibt, verschenkt eine Chance.

Das Kind muss weiterlernen: Kaum kann es sich verständlich machen, wird es zumeist mit dem verwirrend großen, oft archaischen Wortschatz der Märchen konfrontiert. «Und waren sie also für ihre Bosheit und Falschheit auf ihr Lebtag gestraft», schließt die Geschichte vom Aschenputtel. Nach einzelnen Wörtern fragt das Kind, doch abgestoßen von dem weithin fremdartigen Sprachangebot fühlt es sich offensichtlich nicht, im Gegenteil: «Gleich nochmal!», fordern ja die meisten, und auf gutgemeinten Austausch schwieriger Wörter reagieren sie empfindlich.

In der Schule lesen sie dann Gedichte – wieder Sprachprodukte also weit über ihrem Horizont; mit Wörtern, die sie kaum kennen: «Die goldnen Sternlein *prangen*» (bei Matthias Claudius) oder «Es *wallt* das Korn weit in die Runde» (bei Gottfried Keller); noch dazu in einer Reihung und mit Reimen, wie die meisten von ihnen sie nie beherrschen werden.

Stört das den Lerneffekt, behindert es das Wohlgefallen?

Umgekehrt. Für unseren Umgang mit der Sprache gilt dasselbe, was Stendhal über ungewohnte Gedanken gesagt hat: «Der Geist muss fünf oder sechs Grad über den Ideen des Publikums stehen. Steht er acht Grad über ihnen, dann bereitet er dem Publikum Kopfschmerzen.» Auf Sprachmodelle angewandt, bedeutet das: Für Sechsjährige ist Thomas Mann zu schwierig, aber ebenso falsch wäre es, ihn Sechzehnjährigen *nicht* anzubieten.

Und wir, die wir längst erwachsen sind? Es gibt keine Grenze für unsere Möglichkeit, immer tiefer in unser kostbarstes Kulturgut einzudringen, unser Hirn am Können der Meister zu schulen und zusammen mit dem Niveau unserer Sprache das unseres Denkens zu heben; wir müssen uns nur unser Leben lang die Texte suchen, die unseren Horizont um fünf oder sechs Grad überragen – statt uns die Worte wie gebratene Tauben ins Maul fliegen zu lassen, bis wir fett geworden sind.

Am leichtesten lässt sich erklären, wo man solche Sprachmuster *nicht* findet – nicht in den meisten Fällen dort, wo eine Wissenschaft sich, wie so oft, bemüht, die Schlichtheit ihrer Aussagen hinter einem Panzer aus pompösen Worten zu verbergen. Wenn in einer Untersuchung über die Anfänge des Menschen seine Gewohnheit, auf zwei Beinen zu gehen, als «habituelle bipede Lokomotion» bezeichnet wird, so liegt hier nicht die Chance vor, durch neue Wörter zu facettenreicherem Denken zu gelangen, sondern schiere Hochstapelei.

Nicht zum Vorbild nehmen sollten wir uns ebenso die gequälten Sätze, an denen so viele Verwaltungsbeamte und leider auch Journalisten ihr Vergnügen finden: «Vor Zentralismus und mehr Entscheidungskompetenzen für Europaparlament, Ministerrat und Kommission beim Zusammenwachsen Europas zur Europäischen Union hat der Wissenschaftliche Beirat beim Bundeswirtschaftsministerium gewarnt» (Deutsche Presseagentur).

Was es denn nun wert wäre, gelesen zu werden – das lässt sich nur in Andeutungen fixieren; denn hier kommt erstens der Geschmack ins Spiel und zweitens die Frage, ob man auch von solchen Sprachmeistern profitieren möchte, deren Meinungen man nicht teilt oder gar verabscheut.

Das Zweite – auch vom Gegner zu lernen – wäre dringend anzuraten: Zu vieles, was formal großartig ist und unsere Ganglien unter Spannung setzt, müsste sonst ungelesen bleiben. Man muss nicht Jude sein, um das Alte, nicht Christ, um das Neue Testament als Sprachkunstwerk zu würdigen. Man kann sich über Brechts marxistische Exzesse ärgern und sich dennoch seinen saftig-lapidaren Stil zum Vorbild nehmen. Man braucht von der Psychoanalyse nichts zu halten, um sich gleichwohl an der Klarheit und der souveränen Eleganz der Sprache Sigmund Freuds zu laben. Man mag sich von Nietzsches Immoralismus oder seinem «Übermenschen» abgestoßen fühlen und sollte doch zur Kenntnis nehmen, dass Nietzsche der größte Virtuose der deutschen Prosa war – seit Goethe, sagt Thomas Mann, laut Gottfried Benn sogar seit Luther.

Ohne Vorbehalte schließlich wird sich jeder, dem der Aufstieg zum erhöhten Horizont willkommen ist, Großmeistern des Deutschen widmen können wie Lessing, zumal seinen Streitschriften, wie Lichtenbergs Sudelbüchern, Kleists Novellen, Heines Prosa, Kafkas Briefen. An die Grenzen des Sagbaren kann er sich herantasten mit Thomas Mann, wenn der im «Dr. Faustus» einen stotternden Lehrer erklären lässt, warum Beethoven zu seiner Klaviersonate opus 111 keinen dritten Satz geschrieben hat. Begeistern kann er sich an dem Ausruf des armen Schulmeisters in Büchners «Leonce und

Lena»: «Wir geben aber auch heut abend einen transparenten Ball mittelst der Löcher in unseren Jacken und Hosen und schlagen uns mit unseren Fäusten Kokarden an die Köpfe.» Das sorgt für Durchblutung, und die bietet die «Bildzeitung» nicht.

34

Abkürzungen? KAKFIF!

Niemand hätte größeren Nutzen vom Abkürzen der Wörter gehabt als die Steinmetze, die einst in die Friese von Tempeln und Palästen die Inschriften zum Ruhme von Königen und Göttern meißelten: DEP statt «Der erhabene Pharao» – wie viel Mühe hätte das gespart! Doch die Sprache galt damals noch als heilig und Kurzatmigkeit nicht als eine Tugend.

Der Wandel setzte mit dem Telegraphen ein, vor anderthalb Jahrhunderten: Jeder Buchstabe wurde kostbar, jede Sekunde war Geld. Rasch bediente sich das Militär der neuen Chance, denn Schlachten wollten schnell geschlagen, Listen rasch geschrieben sein, und dass mit der Abkürzung meist eine Entseelung der Wörter einhergeht, dagegen sprach militärisch wirklich nichts. Dieser Ehe aus Zeitgeist und Kälte ist die MALZA entsprungen, die Modische Affenliebe zur Abkürzung, wie Behörden, Firmen und Verbände sie seit Jahrzehnten pflegen, zur Genugtuung der Journalisten mit ihrem stets knappen Überschriftenraum.

MALZA ist ein Akronym: aneinandergereihte Anfangsbuchstaben, die häufigste Art der Abkürzung und oft die ärgerlichste – Schriftbild hässlich, Verständlichkeit gering. Wer weiß denn schon, dass der AdA in der Schweiz der «Angehörige der Armee» ist und KnVNG in Deutschland das Knappschaftsrentenversicherungsneuregelungsgesetz? Dass die Ursprungswörter eher noch scheußlicher sind, macht die Abkürzung nicht besser. An andere gereihte Anfangsbuchstaben haben wir uns gewöhnt – ans ZDF zum Beispiel, an die UNO und das FBI, und die meisten erkennen darin noch die verstümmelten Wörter; die Namen der großen Parteien lesen und hören wir sogar lieber in der Form bloßer Großbuchstaben.

Wer aber kann die NATO, die NASA oder AIDS in die herkömmliche Wortsprache zurückübersetzen? Da wird es problematisch: Drei Institutionen, die Menschheitsprobleme behandeln und Milliarden einfordern – doch was ihr Name eigentlich besagt, haben wir in der Weise erfahren, dass uns die zunächst fremdartige Buchstabenkette oft genug unter den Augen durchgezogen wurde; wobei uns der Umstand tröstete, dass die Kette sich dank der Mischung aus Konsonanten und Vokalen sprechen ließ wie ein Wort (und immer häufiger auch so geschrieben wird: Nato, Nasa, Aids).

Oft sind Akronyme der Absicht entsprungen, das Ursprungswort zu tarnen oder es zu verunglimpfen. Aus der «Deutschen Demokratischen Republik» wurde erst dann die DDR, als die SED beschlossen hatte, dem Bestandteil «Deutsch» die Erkennbarkeit zu rauben; das war der erste Schritt.

Der zweite: Die DDR begann, die Bundesrepublik Deutschland ausschließlich BRD zu nennen, in der klaren Absicht, dem hochmütigen Nachbarn die sprachliche Gleichheit aufzuzwingen. Dritter Schritt: Viele Westdeutsche, zumal linke Intellektuelle, übernahmen gern das Kürzel BRD, weil sie damit ein Mittel gefunden hatten, ihre Vorbehalte gegen die ungeliebte Heimat zu artikulieren.

Ganz klar schließlich war die schmähende Absicht bei jenen Linksradikalen, die sich über die im deutschen Grundgesetz fixierte freiheitlich-demokratische Grundordnung lustig machten, indem sie sie durchweg als FDGO zitierten, als wäre sie eine bloße amtliche Verordnung. Und ebenso klar war der Spott beim *Gröfaz*: «Größter Feldherr aller Zeiten» hatte Hitler sich ja 1940/41 titulieren lassen, und da geschah es ihm recht, dass Millionen Deutsche in den letzten Jahren des Krieges das Akronym mit verstohlenem Grinsen als Synonym für Hitler benutzten.

Mit Abkürzungen lassen sich also Werturteile fällen – was man, je nach politischem Standort und Zeitumständen, beklagen oder begrüßen mag. Das Beste aber, was sich über sie sagen lässt, ist, dass eine Gruppe von ihnen die Seele des Ursprungsworts hörbar bewahrt, während sie gleichzeitig seine Umständlichkeit aus der Welt schafft. Es war natürlich ein Fortschritt, dass aus dem Kinematographentheater das Kino wurde, das Auto ist griffiger als das Automobil, der Zoo praktischer als der Zoologische Garten, der Krimi hübscher als der Kriminalroman. Ebenso haben Studenten auf ihre Weise recht, wenn sie von *Uni, Frust* und *Demo* sprechen: Die volle Buchstabenprozession durch die Mundhöhle ziehen lassen mag man nicht, und so hört man einfach früher auf zu sprechen (ein schönes Rezept auch für andere Lebenslagen).

Die neueste Mode führt leider in die Tiefen der sinnlosen Buchstabenreihung zurück. Ihr Tummelfeld sind die Handbücher für Computerbenutzer sowie die E-Mail aus dem Computer selbst, die elektronische Post, an einen Partner gerichtet oder an eine unbekannte Menge: «Da kann ich nur lachen» heißt im E-Mail-Jargon LOL (Laughing Out Loud) – lachen zum Beispiel über FAQ, eine allzu oft gestellte Frage (Frequently Asked Question).

Und wer selbst dieses Schriftbild noch zu literarisch fände, weil es sich der verstaubten Erfindung des Buchstabens bedient – der kann Satzzeichen zu einer neuen Bilderschrift zusammenfügen: :–) soll «Ich lächle» heißen, mit der Begründung, man brauche das Bild nur nach rechts zu drehen. KAKFIF! sollten wir dem entgegenhalten (Kommt auf keinen Fall in Frage). Alles in allem sind wir schließlich ganz gut mit ihr gefahren; der mehr als dreitausendjährigen Kultur der Lautschrift, die das Abendland immer noch regiert und ihm einst die Welt regieren half.

35

Weil, Deutsch taugt nichts mehr

Nichts ist heutzutage seltener als ein schlichter, sauber zu Ende geführter deutscher Satz. Wir werden eingemauert vom Jargon der Experten, von Schlagworten, die alles und nichts bedeuten, von englischen Imponiervokabeln und den Blähungen der Kommunikationswissenschaft, und das Fernsehen scheint eigens erfunden, damit der Wortmüll geschwätziger Politiker und das Gestammel schwitzender Sportler auch in die letzte Hütte schwappt. Ebenso das der Meteorologen: Wenn sie uns ein Tief von der *Iberischen Halbinsel* ankündigen, erschrecken sie offensichtlich vor den schönen Wörtern «Spanien und Portugal», die ungleich geläufiger und dabei kein bisschen länger sind; ja, sie ignorieren, dass Spanien allein immer genügen würde: Ein Tief über Portugal hat nämlich nicht die geringste Chance, uns je auf einem anderen Wege als dem über Spanien zu erreichen.

So stimmt uns der Fernsehalltag ein auf die Silbendrescherei, mit der die Experten ihre Unentbehrlichkeit demonstrieren wollen. In einer wachsenden Zahl deutscher Kindergärten wird den Kindern neuerdings alles Spielzeug weggenommen – denn dies stärke, verkünden die Pädagogen, dreierlei: die Frustrationstoleranz der Vierjährigen, ihre diskursive Kompetenz und ihre Ökosensibilität. Natürlich! Wie man mit Kindern so redet. Langweilt euch im Freien, ohne zu klagen, und schwatzt dabei ein bisschen mehr! So hieße der deutsche Satz, und da sehen wir's: verletzend die Klarheit und banal der Klang.

Davor muss sich auch jener Vorstandsassistent eines Groß-konzerns gefürchtet haben, der «eine über den jeweiligen Seminarzusammenhang hinausweisende Bündelung des Kreativpotenzials mit der Zielvorgabe interdisziplinärer Befruchtung» empfahl. Die Leute sollen sich also öfter mal zusammensetzen und sich dabei etwas einfallen lassen, was allen nützt. Aber welcher Statusverlust im Unternehmen, welche Verleugnung akademischer Ideale würde mit einem so einfachen Satz einhergehen! Ja, am Ende sähe man ihm an, dass er nur das Selbstverständliche auf Schaumgold gebettet hat.

Längst wollen junge Akademiker nicht mehr Journalisten werden, sondern sie geruhen mitzuteilen, dass ihr Interesse *dem Berufsspektrum des Journalismus* gelte – dem Spektrum, versteht sich, wer will denn noch einen Beruf ausüben? Haben sie sich eines Tages in diesem Spektrum etabliert, so sind sie die richtigen Leute, um ergriffen über Symposien und Kolloquien zu berichten, in denen multikulturelle Synergieeffekte beschworen und gewürdigt werden, natürlich im Licht postmoderner Rezeptionsästhetik; Explorationsdefizite und eine sinkende Literalität werden sie beklagen und davor warnen, Interpretationsdiskrepanzen kontraproduktiv zu operationalisieren.

Unsereiner bekommt da unwillkürlich Appetit auf ein Wort wie Kuh, weil man mit jähem Erschrecken spürt, was gemeint ist; oder auf ein Wort wie Hass, weil man ihn hegen möchte inmitten all des prätentiösen Wortgeklingels, und zwar auf ebendieses; oder auf einen Satz wie den von Robert Walser, wenn er sich als einen Sonderling vorstellt, «der seinen Filzhüten den Rand mit der Schere halb abschneidet, um ihnen ein wüsteres Aussehen zu verleihen».

Ist's nicht lateinisch oder griechisch, soll es englisch sein.

Fun und Lifestyle, Hardware und Homepage, Snowboarding und Inlineskating sind auch dem Ungebildeten geläufig, mit dem weiteren Vorzug, dass man von dem, der sie auf der Zunge wälzt, ohnehin keine korrekten Sätze erwartet, weil: Grammatik mag er nicht.

Im Schriftdeutsch der Lufthansa gebärdet sich die Mode so: «Miles & More führt ein flexibles Upgrade-Verfahren ein: Mit dem neuen Standby oneway Upgrade-Voucher kann direkt beim Check-in das Ticket aufgewertet werden.» Und so in der Popmusik: «Der Producer war schon, als er das Demo des Songs hörte, von dessen Hitpotenzial überzeugt: ‹Nothing› hat einen sehr subtilen Groove.»

Und so in der Computerwerbung: «Alta Vista Search Internet Software, der ultimative Web-Suchdienst» – das sind sieben englische Silben, fünf in modischem Latein, die vier am Anfang italienisch oder spanisch und genau drei deutsch (der ... Suchdienst), und mehr ist wirklich nicht nötig.

Eine tiefe Verachtung der Muttersprache scheint da einherzugehen mit der Angst, man könnte einfältig oder altbacken wirken und sich an den Idealen unserer Zeit versündigen, wenn man für alles, was man sagen möchte, den einfachsten, direktesten Ausdruck sucht. Es gab einmal Schriftsteller, die sahen das anders. «Lieber Herr Pastor, poltern Sie doch nicht so in den Tag hinein, ich bitte Sie!», schrieb Lessing an Pastor Goeze. «So lag er da allein, und alles war ruhig und still und kalt, und der Mond schien die ganze Nacht und stand über den Bergen», schrieb Georg Büchner über Lenz.

Nichts da. Heute schreibt man so: «Der über das Prinzip der Entscheidung gesuchte Zugang zu der umstrittenen voluntativen Vorsatzkomponente wird einem für den psychopathologischen Gebrauch entwickelten menschenkundlichen Ansatz folgen, dem es auf die wechselseitige Abhängigkeit der gestalteten Inhalte des Erlebens und der sie tragenden Antriebserlebnisse, also auf die Kohärenz von Repräsentation und Dynamik, ankommt.» *Psychobabble* nennt man dergleichen in Amerika. Cool!

36

Die Super-Mega-Katastrophe

Wie verhält sich ein Jahrhundertsturm zu einem Weltklassesturm oder zur Mutter aller Stürme? Russell Baker, Satiriker der «New York Times», grübelte dieser Frage nach, als ein Blizzard an der amerikanischen Ostküste in allen Nachrichten das Prädikat «Jahrhundertsturm» verliehen bekommen hatte. Wer die Arbeitsgewohnheiten von Journalisten kennt, kann sich leicht ausmalen, wie der Superlativ zustande kam.

«Ist dies der schwerste Sturm, den Sie je registriert haben?», fragt der Reporter den Meteorologen. Nein, sagt der. «Aber vielleicht der schlimmste Schneesturm?» Wie wollen Sie das messen – an der Schneemenge oder an der Windgeschwindigkeit? Der Reporter bohrt weiter, für seine Schlagzeile braucht er die griffige Formel. «Könnte man von einem Jahrhundertsturm sprechen?» Ich weiß nicht, was das ist, sagt der Meteorologe. «Sie würden es also nicht dementieren?» Da lässt sich nichts dementieren, weil es sich nicht definieren lässt, sagt der Meteorologe. Der Reporter ist zufrieden und schreit es hinaus: «Wetteramt spricht von Jahrhundertsturm!»

So pusten die Journalisten, Arm in Arm mit den Werbetextern, noch mehr Übertreibungen in die Umgangssprache, als darin ohnehin herumgeistern: Denn wir lieben das sprachliche Maximum – sei es in der grammatischen Form des Superlativs oder mit Hilfe extremer, maßloser Wörter; ja, in den Wortvorrat, den wir geerbt haben, ist das Übermaß schon eingebaut.

Als unsere Ahnen die Sprache erfanden, muss es für sie immer nahegelegen haben, nicht die Regel zu benennen, sondern die Ausnahme, nicht die Mittellage, sondern das Extrem: den Riesen und den Zwerg, die Kälte und die Hitze, das Lachen und das Weinen. Für kalt und heiß haben wir auch schwächere Formen zur Verfügung, nämlich kühl, lau, warm, und das Lachen können wir zum Lächeln mildern; aber wer nicht weint, nicht lacht und von normaler Größe ist, für dessen Miene und Statur fehlt uns der Begriff.

Auch gehen wir arglos mit Worten um, in deren schlichten Silben eine unsinnig übertriebene Behauptung eingeschlossen ist: «vorurteilslos» – obwohl mehr als eine gewisse Armut an Vorurteilen sich nicht erreichen lässt; «selbstlos» – als ob es erstrebenswert und möglich wäre, ohne Selbst zu sein! Schon bei 40 Beinen beginnt für uns der Tausendfüßler, und leicht gehen uns Gelöbnisse von den Lippen wie «ewige Liebe» oder «unsere Anstrengungen verzehnfachen».

Mythen, Märchen und Romane haben unsere Lust an der Übersteigerung zum Äußersten getrieben: Odysseus, Herkules, Münchhausen. Thor, der gewaltige germanische Donnergott, nächtigt in einer Kammer, von der er erst am Morgen merkt, dass sie der Daumen des Handschuhs des Riesen Skrymir ist. Rabelais lässt im Harnstrahl des Gargantua 260 418 Pariser «eines bitteren und feuchten Todes sterben, Weiber und Kinder gar nicht eingerechnet».

Heute ist es vor allem die Presse, die unseren Bedarf an Superlativen deckt. Sie hütet sich vor der durchschaubar lügnerischen Übertreibung und spezialisiert sich daher auf folgende fünf Methoden: Erstens, dreimal wöchentlich sind die meisten Zeitungen mit Kollaps, Skandal und Katastrophe zur Stelle, wählen also überall dort, wo sich nichts definieren und folglich nichts widerlegen lässt, die äußerste Steigerung.

(Nein, die äußerste nicht – «Katastrophe» ist manchen Zeitgenossen viel zu wenig: «Echte Mega-Katastrophe», hört man Studenten sagen.) Zum Zweiten: Wo die meisten den schon eingebauten Superlativ nicht mehr heraushören wie beim «größten anzunehmenden Unfall», dem GAU, ist, wenn er denn eintritt, in den Schlagzeilen vom Super-GAU die Rede; einen GAU hat es für sie noch nie gegeben.

Zum Dritten lieben die Nachrichtenjournalisten jenen Superlativ, der so korrekt ist, dass er irreführt. «Der kälteste 5. Februar seit fünfzig Jahren» kann bedeuten: Am 4. Februar war es schon im Vorjahr viel kälter. Viertens schrecken sie nicht vor dem ebenso korrekten wie lächerlichen Superlativ zurück: «Das schwerste Unglück in der Geschichte der peruanischen Kriegsmarine» (drei Schiffe, zwei Unglücke). Und schließlich geben sie kritiklos die albernen Superlative Dritter weiter; so jenen der durch niemanden und nichts legitimierten Jury, die frech behauptet, sie habe «die schönste Frau der Welt» gekürt – in Wahrheit nur unter denen, die sich gemeldet haben, nach Maßstäben, die keiner kennt und die keiner haben kann.

Dass es Wörter gibt, die sich einfach nicht steigern lassen wie eindeutig, dreiseitig, schulfrei oder tot: Das passt vielen Leuten nicht. «Der Einzigste» sagen sie und «in keinster Weise» – als wollten sie Christian Morgensterns Karikatur auf ein Liebesgedicht nacheifern: «Ich bin deinst – sei du meinst! Ich sehne dich sprachlosestest.» Wenn ein Glas voll ist – kann es noch voller sein? Das Glas nicht, hat das oberste deutsche Arbeitsgericht in Kassel entschieden; wohl aber die Zufriedenheit: Es gab einem Kläger recht, der sich in seinem Zeugnis die «vollste Zufriedenheit» des Arbeitgebers ertrotzen wollte. Wenn der Verfasser dies als *dreist* bezeichnet, muss er unter solchen Umständen wohl betonen, dass er damit keinen Superlativ zu *drei* gebildet haben möchte.

37

Wer schenkt schon Gehör?

Von den großen Vier der Kommunikation – Sprechen, Schreiben, Hören, Lesen – hat das Hören die geringste Aufmerksamkeit auf sich gezogen. Zu Unrecht: Denn es gibt nichts, was das Gehirn vielfältiger aktiviert, was in den Zeitgeist inniger verwoben ist und uns schlimmeren Zumutungen unterwirft.

Kannst du nicht hören?, wird dem trotzigen Kind zugerufen. Unerhört! Das gehört sich nicht! Wer nicht hören will, muss fühlen! Da hat sich im Hören jener Sinn erhalten, der im Übrigen ins Gehorchen, in den Gehorsam, ins Verhör abgewandert ist: Sprechen hieß befehlen, und hören hieß befolgen – so war das immer, wo Häuptlinge, Diktatoren, Kasten regierten, also fast überall in der längsten Zeit der Geschichte. Dass eigentlich nur die Obrigkeit *das Sagen habe* (wie wir enthüllend formulieren), hat noch Friedrich Rückert als Lebensregel aufgestellt:

> Du hast zwei Ohren und einen Mund;
> Willst du's beklagen?
> Gar vieles sollst du hören und
> Wenig darauf sagen.

Und noch wenn wir arglos rufen: «Das Buch gehört mir!», haben wir eine verspätete Anleihe beim Gehorchen gemacht – denn ursprünglich sprach der Herr zum Knecht: «Du gehörst mir», und das hieß: Meinen Befehlen hast du zu lauschen! Der Hörende war der Hörige, eines anderen Eigentum.

Es war die Demokratie, ob in Athen, London oder Appenzell, die das Sprechmonopol der Tyrannen brach: Nun durften alle Bürger reden, und das Hören hatte aufgehört, ein Gehorchen zu sein. Wer unsere Parlamente als Schwatzbuden verspottet, wie dies gern geschieht, dem fehlt der Sinn für das schöne Signal, das all diese Buden geben: Die Einheit von Sprechen und Befehlen ist zerbrochen.

Freilich hat das Fernsehen die meisten von uns dazu verführt, aufs Reden zu verzichten und aus dem Hören wieder unsere Hauptbeschäftigung zu machen, in halb freiwilliger Hörigkeit. Aber die nächste Wende ist schon im Gange: Wer am Computer sitzt, benutzt weder den Mund noch die Ohren, sondern tummelt sich in einer stummen Welt der optischen Signale, die dem Jubeln so wenig wie dem Seufzen noch eine Chance lässt.

Da wird denn auch eine der kompliziertesten Leistungen unseres Gehirns nicht mehr abgerufen: die Verwandlung eines Zurufs in die Handlung, die daraus folgen soll. Es ist fast unglaublich, was sich unter unserer Schädeldecke alles abspielt, wenn das Ohr, zum Beispiel, von der Frage eines Fremden im Straßenlärm die Silben aufnimmt: «... sagen, wo die ...thedrale ist?»

Der Befragte wandelt diese Luftschwingungen in Nervenerregungen um und leitet sie zunächst zum Zwischenhirn. Das prüft die akustischen Signale, ob sie Lust, Unlust, Wut, Erschütterung oder Angst auslösen und ob demnach eines der Programme in Gang gesetzt werden muss, die dort gespeichert sind: Angst – Adrenalin – Flucht oder Kampf! Beim hier gewählten Zuruf: keine Reaktion – Durchlassen ins sensorische Sprachzentrum in der Großhirnrinde.

Hier werden zunächst die durch den Straßenlärm verstümmelten Wörter zu jenem Lautbild zusammengesetzt, das

145

der Fragende vermutlich meinte: «Können Sie mir sagen, wo die Kathedrale ist?» Den so bereinigten Schall vergleicht das Sprachzentrum mit den dort gespeicherten Wortbildern; der Speicher meldet: Alle Wörter bekannt. Nun erst dringt die Frage ins Bewusstsein und kann auf ihren Sinn abgeklopft werden: Weiß ich eigentlich, wo die Kathedrale ist? Und soll ich die Frage etwa wörtlich nehmen und folglich mit «Ja!» beantworten?

Natürlich nicht. Nachdem das Zwischenhirn Entwarnung gegeben und die Großhirnrinde das Schallbild komplettiert, identifiziert und auf das mutmaßlich Gemeinte übertragen hat, kann ich nun antworten: «Einen Kilometer geradeaus, dann sehen Sie sie.» So vielfältige Aktivität, eine solche Bereitschaft zu schöpferischer Mitgestaltung wird vom Zuhörer schon bei einer einfachen Frage erwartet.

Wenn das Zuhören uns so viel abverlangt – kann es uns wundern, dass es so selten ist? Fast alle Menschen reden lieber. Wer von einer Reise heimkehrt und vor Mitteilungsdrang birst, muss nichts häufiger erleben, als dass es keinen gibt, der seinen Bericht wirklich hören will. Auch der «Feiertag zum Anhören fremder Argumente», den der polnische Satiriker Karol Irzykowski sich wünschte, ist bis heute nicht eingeführt.

Berufszuhörer haben es unter diesen Umständen zu Ansehen gebracht: Psychoanalytiker, Beichtväter, Telefonseelsorger; und die Chance des Kriminalbeamten, dass der Verdächtige ein Geständnis ablegt, besteht nicht zuletzt in dessen Gefühl: «Endlich hört mir mal jemand zu.» Die meisten Worte aber, die einen Hörer suchen, verhallen unverstanden. Wer spricht, ist oft einsamer, als er glaubt: Er will, dass ein Mensch ihm *Gehör schenkt*, aber zum Partner hat er allein das eigene Sprechgeräusch.

38

Lob der Tiefstapelei

Wenn eine Liebesbeziehung so richtig zu Kleinholz werden soll, müssen die Parteien einander schon behilflich sein.» Peter Høeg schreibt das in seinem Roman «Fräulein Smillas Gespür für Schnee» – und setzt damit ein frisches Beispiel für ein klassisches Stilmittel: «behilflich sein» – das wird man *untertrieben* nennen dürfen. Von Übertreibungen umringt und von Superlativen zugeschüttet, vom Größten, Schnellsten, Schlimmsten, Höchsten, lauschen wir überrascht und manchmal dankbar denen, die das Gegenteil betreiben: «Er ist nicht unvermögend» sagen sie von einem Milliardär, und über einen Ausflug in die Sahara: «Ja, ein paar Grad kühler hätte es sein dürfen.»

Litotes nannten die Griechen diese Stilfigur: Schlichtheit, Sparsamkeit. Uns ist sie vor allem als *understatement* geläufig, mit dem guten Grund, dass sich in ihr ein englisches Lebensgefühl ausdrückt: der Wunsch, sich von populären Aufregungen nicht irritieren zu lassen und dem allzu Weihevollen ironisch zu begegnen. Auch Luxus wird gern heruntergespielt, wie in der berühmten Antwort «ausreichend», die die Firma Rolls-Royce früher auf die Frage nach der Motorleistung gab. Es passt ins Bild, was der Farmer Ebenezer Bryce beim Anblick der zehntausend steinernen Zinnen und Katarakte des später nach ihm benannten Canyons in Utah sagte: «Ein schrecklicher Ort, wenn sich eine Kuh verirrt» (A hell of a place to lose a cow) – ein Satz, in dem sich die Tradition des Understatements sinnreich mit der Neigung des Landwirts verband, in jeder Landschaft nur die Chancen und Risiken der Landwirtschaft zu würdigen.

Ein deutscher Beitrag zur Untertreibung ist der Bedeutungswandel des Worts *frugal*: Mäßig, genügsam, bescheiden heißt es auf Lateinisch, und Engländer, Franzosen, Italiener haben diesen Wortsinn beibehalten. Auf Deutsch aber wurde, vermutlich in Kreisen wohlhabender Studenten, ein üppiges Mahl so oft in scherzhafter Untertreibung ein «frugales» genannt, dass nun der gegenteilige Wortsinn vom Duden zusätzlich anerkannt und nach einer Umfrage für zwei Drittel der Deutschen der normale ist.

Womit wir bei einem der beiden Nachteile des Understatements wären: Es führt, wie alle Ironie, zum Schillern der Bedeutungen, es erhöht die Wahrscheinlichkeit des Missverständnisses. Hören wir von einem Menschen, dass es ihm «nicht ganz schlecht» gehe, so können wir nicht diesen Worten – wir müssen den Umständen entnehmen, ob er damit meint, eine Operation glimpflich überstanden oder den Coup seines Lebens gelandet zu haben.

Stets aber sollten wir, und das ist der zweite Nachteil, auf der Lauer liegen, ob die Untertreibung nicht ganz unironisch dazu verwendet wird, einen Rückschlag, ein Unheil zu bagatellisieren; und das geschieht fast immer, wenn Politiker oder Manager zu auffallend behutsamen Floskeln greifen. Da sehen sich dann Skandale in «Unregelmäßigkeiten» verwandelt und dramatische Verluste in «gewisse Einbußen»; so, wie einst die Rückzüge der deutschen Wehrmacht in der offiziellen Version «Frontbegradigungen» hießen.

Mitsamt diesen Einschränkungen: Es bleibt eine Wohltat, der allgegenwärtigen Neigung zu den aufgeregten, aufgeblasenen Wörtern und Rekorden mutwillig den bescheidenen Begriff entgegenzustellen – umso mehr, je lauter uns das Marktgeschrei sensationslüsterner Journalisten in den Ohren gellt; und auch in seriösen Redaktionen wird oft nicht bedacht, dass das alljährliche «Jahrhunderthochwasser» vielen Lesern bis zum Halse steht.

Idealerweise gelingt es, die Untertreibung so einzusetzen, dass die scheinbare Verkleinerung den Effekt der Vergrößerung erzielt. Das schaffte der Tourismusdirektor von Graubünden, als er einst eine deutsche Delegation mit den Worten begrüßte: «Jahrhundertelang hat Graubünden als das Land der Räuber und Mörder gegolten. Aber ich versichere Ihnen: Es ist besser geworden.» Thomas De Quincey, dem Autor der «Bekenntnisse eines Opium-Essers», gelang es gar, das Understatement bis zur dritten Potenz hinabzutreiben. Das geschah in seinem parodistischen Essay «Der Mord als schöne Kunst betrachtet», dem Höhe- oder Tiefpunkt schwarzen Humors.

Da wird in einem Club der jüngste Mord in London allein unter dem Aspekt des handwerklichen Raffinements erörtert, garniert mit Lebensweisheiten wie: «Wenn man die Leute reden hört, könnte man meinen, alle Nachteile und Unbequemlichkeiten lägen auf Seiten des Ermordetwerdens.» Zu wenig denke man dabei über die des Nichtermordetwerdens nach: Vielleicht sei es ja weniger schlimm, erstochen zu werden, als an Harnverhaltung zu sterben.

Als nun ein Mörder den Clubvorsitzenden bittet, bei ihm als Butler arbeiten zu dürfen, bedient sich der Präsident, um sich aus der Affäre zu ziehen, folgender Untertreibung in drei Stufen: «Mein lieber James! Hat ein Mann sich einmal aufs Morden verlegt, so wird er bald nichts mehr dabei finden, einen Raub zu begehen, und vom Rauben wird er zur Entheiligung des Sonntags und zur Trunksucht gelangen, und von da zu Saumseligkeit und schlechten Manieren. Wer sich einmal auf diesen abschüssigen Pfad begeben hat, der weiß nie, wo er innehalten soll. So hat schon mancher seinen Ruin eingeläutet durch den einen oder anderen Mord, bei dem er sich zunächst kaum etwas dachte *(He thought little of at the time)*. Also: Wehret den Anfängen!»

39

Sohn Josef auf Pferd Otto

«2004 kam Sohn Josef zur Welt», war in der «Süddeutschen Zeitung» zu lesen, und im «Zeit»-Magazin, dass einer auf «Pferd Otto» ritt. Dies ist erstens scheußlich, zweitens erstaunlich und drittens ermutigend.

In unverkrampftem Deutsch würde man natürlich «sein Sohn Josef» schreiben oder «Josef, sein Sohn» oder «sein Sohn, den die Eltern Josef tauften», und später wäre der auf *seinem* Pferd geritten, egal, ob es Otto oder Rochus hieße. «Sohn Josef» ist eine Sonderform des Telegrammstils, beim Nicht-telegraphieren nicht allzu sinnvoll, bei Goethe so wenig vorgesehen wie bei Günter Grass oder im Duden. Gleichwohl: *Scheußlich* bleibt ein Geschmacksurteil, und der Geschmack mag sich ja wandeln.

Erstaunlich – das ist dagegen eine unparteiliche Feststellung, die sich begründen lässt. Da rief also 1923 Henry Luce die Wochenzeitschrift «Time» ins Leben, die Mutter aller Nachrichtenmagazine, und verordnete ihr ein Quantum Sprachmarotten als kalkulierten Bestandteil des Geschäftserfolgs: Die Redakteure kitzelten ihre Leser mit kessen Telegrammfloskeln wie *220-pound-Churchill*; mit mutwilligen Verstößen gegen die englische Grammatik wie in der Wortstellung *said he*; mit selbsterfundenen exotischen Wörtern wie *punditry* für die staatsmännische Weisheit, vom Hinduwort *Pandit* für einen brahmanischen Gelehrten abgeleitet, das Nehru als Titel führte.

Von einem so frechen Umgang mit der Sprache war der

23-jährige Rudolf Augstein fasziniert, als er 1947 den «Spiegel» gründete: Sollten sich nicht mit vergleichbaren Sprachverkrümmungen auch deutsche Leser ködern lassen – Aufmerksamkeit um jeden Preis, und vielleicht gelänge es ja, den Normbruch als chic zu präsentieren? Es gelang.

Zwei Stilfiguren zumal haben von der Hamburger «Spiegel»-Redaktion aus den gesamten deutschen Sprachraum durchsucht, bis nach Bozen und ins Burgenland, ja bis nach Zürich, allem sonstigen Misstrauen gegen Importe aus dem Norden zum Trotz – die Wortstellung «Hatte gestern einen Misserfolg: Kurt Beck» (ein Einfall von genialer Ökonomie, da eine bloße Vertauschung der beiden Satzhälften ganz normales Deutsch ergäbe) und *Sohn Josef* eben, der auf *Pferd Otto* reitet. So schreiben inzwischen die meisten Journalisten deutscher Sprache, ja, manche Leute sprechen schon so – weil genau zwei Männer es so wollten: Henry Luce und Rudolf Augstein. Das wird man erstaunlich nennen dürfen.

Nur liegt darin zugleich die *Ermutigung*. Augstein hat bewiesen, dass der einsame Entschluss eines einzelnen Mannes tiefe Spuren durch den Sprachgebrauch der hundert Millionen Menschen ziehen kann, die Deutsch zur Muttersprache haben. Das sollten sich alle Sprachfreunde, Deutschlehrer, Journalisten und Professoren der Germanistik vor Augen halten, wenn sie achselzuckend oder gar kämpferisch behaupten, man müsse zur Kenntnis nehmen, dass die Sprache *sich entwickle*; folglich mache man sich lächerlich, wenn man versuche, sich einem neuartigen Umgang mit Wörtern und Sätzen entgegenzustemmen, bloß weil er gegen die Regeln von gestern verstoße.

Diese Meinung ist so populär wie falsch. Denn es gibt kein von den Menschen abgehobenes Medium «Sprache», das *sich entwickelt* – sondern die hundert Millionen Menschen deutscher Muttersprache *entwickeln* sie. Mit jedem Wort, das einer spricht oder nicht spricht, mit jedem Satz, den einer schreibt oder nicht, trägt er dazu bei, die Sprache zu entwickeln, ob er will oder nicht. Ist er Lehrer, Pfarrer, Werbetexter oder Journalist, so erreicht sein unvermeidlicher Beitrag zur Sprachentwicklung schon eine beachtliche Größe.

Die Deutschlehrer und die Radiosprecher der Schweiz haben in den letzten Jahrzehnten wesentlich dazu beigetragen, das Verhältnis der Eidgenossen zum Hochdeutschen zu verändern; die Deutschlehrer Deutschlands haben ihre Ansprüche an den korrekten Umgang mit Grammatik, Rechtschreibung und Zeichensetzung so drastisch gesenkt, dass man von einem jungen Doktor der Germanistik heute keinen Text mehr erwarten kann, in dem die Kommas stimmen. Sie alle, wir alle entwickeln die Sprache, und wer die Beherrschung der korrekten Konjunktive schön und «Sohn Josef» hässlich findet, hat dasselbe Recht und dieselbe Chance, für sein Werturteil zu kämpfen wie die, die «Pferd Otto» als fortschrittlich und den Konjunktiv als veraltet ausgeben.

Sich gegen eine Mode zu stellen, die von Millionen getragen wird, mag schwer sein; hoffnungslos ist es nicht. Alle Feinheiten der Grammatik sind immer nur von Minderheiten durchgefochten worden: von Lehrern, Priestern, Dichtern. Die Mehrheit ist stets bereit, einer engagierten Minderheit zu folgen. Es lohnt sich also, für diejenige Art von Sprachentwicklung einzutreten, die man für die richtige hält. Zum Beispiel für diese:

Wir finden die Einhaltung von Spielregeln in der Sprache nicht weniger wichtig als beim Tennisturnier. Wir wahren den Reichtum an grammatischen Feinheiten. Wir erlauben uns keine Schlamperei im Umgang mit einem Kulturgut ohnegleichen, das wir weitergeben sollten an kommende

Generationen. Das frische, konkrete, wahrhaftige Wort verteidigen wir gegen Tarnsprache und abstrakte Floskeln. Wir wissen, dass die Sprache lebt und sich verändern muss; aber dies ist nicht gleichbedeutend mit der Neigung, vor jedem modischen Unfug in die Knie zu gehen.

40

Mit Senf gegen schöne Wörter

Ein gutes Gedicht braucht heutzutage einfach einen Mord, damit die Quote stimmt.» Albert Ostermaier hat das geschrieben, ein junger deutscher Dramatiker; und wer immer die Literatur liebt, wird erschrecken, wie dicht dieser zynische Satz an der Wahrheit ist. Wir sind ungeduldiger geworden, wir wünschen mehr Aktion pro Minute, ob im Kino oder im Roman. Dass 17-Jährige mit beschaulichen Büchern nicht mehr zu gewinnen sind, ja dass immer mehr von ihnen kaum je ein Buch in die Hand nehmen, ist bekannt; nun aber mehren sich die Signale, dass sich auch in der Lebensspanne ihrer Eltern und Großeltern bei den meisten ein Wandel vollzogen hat.

Ein preisgekrönter deutscher Reporter sagt, er selbst erzähle heute knapper als früher, und er wünsche einfach nicht mehr zu lesen, wie jemand seine Kaffeetasse langsam abstellt oder Häuser sich «am Berghang ducken». Ein bekannter Kritiker hat in der «Süddeutschen Zeitung» gebeichtet, er habe nach 25 Jahren zum zweiten Mal Marcel Proust gelesen, und das Glück von damals habe sich nicht wieder eingestellt. «Von der Gegenwart konditioniert», finde er «Prousts absichtsloses Wohlgefallen inzwischen kaum noch auszuhalten».

Nach 50 Jahren nahm ich selbst die «Buddenbrooks» ein zweites Mal zur Hand und war verwundert, wie mühelos ich damals die Hürde ihres Anfangs überwunden hatte: acht Seiten lang Konversation «auf dem geradlinigen, weißlackierten und mit einem goldenen Löwenkopf verzierten Sofa, dessen Polster hellgelb überzogen waren», in einem Raum mit nicht

155

eben zahlreichen Möbeln, wobei der runde Tisch mit den leicht mit Gold ornamentierten Beinen nicht etwa vor dem Sofa stand, sondern dem Harmonium gegenüber, auf dem ein Flötenbehälter ... Kaum noch auszuhalten, in der Tat.

Die Frage ist, ob die vielen, die mutmaßlich auch so empfinden, sich dafür genieren müssen. Natürlich, einerseits kränkt es uns, von den regierenden Moden «konditioniert» worden zu sein: von der Hektik in den Vorspännen amerikanischer Fernsehserien, vom Schnellfeuer der Nachrichten auf allen Kanälen, vom Stakkato der Werbesprüche, von der *action*, nach der die Freizeitgesellschaft in jeder Minute giert. Muße ist ein fast lächerliches Wort, «besinnliche Stunden» ein Wunsch, den nur noch Pfarrer äußern. Ja, wir sind kurzatmig geworden.

Andrerseits fehlt es nicht an großen Schriftstellern, die schon vor hundert und mehr Jahren so schrieben, dass sie keine Mühe haben, den Ansprüchen des späten 20. Jahrhunderts standzuhalten; auch nicht an großen Geistern, die eben die Kurzweil von allen Büchern fordern. «Ich habe einen ungeduldigen Geist», schrieb vor mehr als 400 Jahren Montaigne in seinem Essay «Des Livres». «Wenn mich ein Buch verdrießt, so greife ich nach einem anderen.» Leser seien grausam, schrieb vor mehr als 200 Jahren Georg Christoph Lichtenberg, «und schätzen ganze Kapitel voll schöner Ausdrücke nicht so hoch als ein Senfkorn von Sache». Und Jorge Luis Borges sagt: «Für mich ist auch die Literatur eine Form der Freude. Wenn wir etwas mit Mühe lesen, dann ist der Autor gescheitert.» Der Autor!

Es hat nämlich immer große Schriftsteller gegeben, die mit Saft und Tempo schrieben. Edgar Allan Poe war so einer, Balzac, Isaak Babel, und Dostojewski hat den heißen Atem sogar mehrmals tausend Seiten lang durchzuhalten verstanden.

Der Schreiber muss natürlich den Wunsch haben, den Leser zu fesseln – sollen wir ihm den verargen?

Den Wunsch hatte Kleist, indem er Sätze schrieb wie diesen: «In M..., einer bedeutenden Stadt im oberen Italien, ließ die verwitwete Marquise von O..., eine Dame von vortrefflichem Ruf und Mutter von mehreren Kindern, durch die Zeitungen bekanntmachen: dass sie, ohne ihr Wissen, in andere Umstände gekommen sei, dass der Vater zu dem Kinde, das sie gebären würde, sich melden solle und dass sie, aus Familienrücksichten, entschlossen wäre, ihn zu heiraten.»

Keine vergleichbaren Wünsche hatte offenbar der alte Goethe, wenn er Sätze schrieb wie diesen (aus den «Wahlverwandtschaften»): «Dass jener wunderlich tätige Mann, den wir bereits kennengelernt, dass Mittler, nachdem er von dem Unheil, das unter diesen Freunden ausgebrochen, Nachricht erhalten, obgleich kein Teil noch seine Hilfe angerufen, in diesem Falle seine Freundschaft, seine Geschicklichkeit zu beweisen, zu üben geneigt war, lässt sich denken.»

Kleists Satz, ungleich schneller und reicher an Senfkörnern – ist er nicht auch großartiger unter allen erdenklichen Maßstäben der Stilistik? Es ist einfach nicht wahr, dass die hohe Literatur sich das Aufregende und das Temporeiche verbieten müsste. Wer zu behäbigen Autoren kein Verhältnis gewinnen kann, braucht also weder um bedeutenden Lesestoff zu bangen noch ein schlechtes Gewissen zu haben. Wir freuen uns doch, wenn eine Erzählung so anfängt: «Wir verließen Perekop in der gemeinsten Stimmung – hungrig wie die Wölfe und wütend auf die ganze Welt» (Maxim Gorki). Oder so ein Roman: «Die dabeigewesen sind, die letzten, die ihn noch gesprochen haben, Bekannte durch Zufall, sagen, dass er an dem Abend nicht anders war als sonst» (Max Frisch).

Das ist für Leser gedacht – anders als etwa die wunderlichen Riesenromane des James Joyce, über die H. G. Wells 1928 schrieb, sie zu schreiben müsse amüsanter gewesen sein, «als es deren Lektüre je sein wird».

41

Satzbau im Sekundentakt

Hätten sie doch alle schon einmal vom Gesetz der drei Sekunden gehört, jene Mitmenschen, die Bücher, Artikel, Verlautbarungen und Gebrauchsanweisungen schreiben – wie viel leichter könnten wir sie verstehen! Wer Sätze baut, sollte dieses Gesetz kennen und sich daran halten, wenn die deutsche Grammatik ihm das auch sauer macht.

Was eigentlich heißt *Gegenwart*? Physikalisch definiert, ist sie ein unablässig wandernder Punkt, der die Vergangenheit von der Zukunft trennt. Psychologisch aber dauert sie zwei bis drei Sekunden. In diesem Intervall, in solchen Häppchen gestalten und erleben wir die Zeit. Die Fachleute ahnten das seit langem, in den letzten zwanzig Jahren haben mehrere wissenschaftliche Institute es exakt erforscht.

Zwei bis drei Sekunden dauern in allen Kulturen alle rhythmisch wiederkehrenden Bewegungen: Winken, Kopfnicken, Händeschütteln; die Forschungsstelle für Humanethologie der Max-Planck-Gesellschaft hat es auf 250 Kilometern Film dokumentiert. Drei Sekunden lässt der Starter dem 100-Meter-Läufer mit dem Kommando «Auf die Plätze – fertig – los!». Zwei bis drei Sekunden dauert das Lesen fast aller Gedichtzeilen in allen Sprachen; das Institut für Medizinische Psychologie der Universität München hat es geprüft. In der Musik wird eine rhythmische Figur von den Hörern nur dann erkannt, wenn sie in maximal drei Sekunden abgeschlossen ist, ein Motiv nur dann populär, wenn es sich in drei Sekunden pfeifen lässt.

Diese drei Sekunden also sind eine psychologische Urtatsache: Sie sind unser «Gegenwartsfenster», sie sind die Obergrenze für unser Kurzzeitgedächtnis, für das, was das Gehirn uns als Einheit präsentieren kann. Für den Satzbau hat dies eine dramatische Konsequenz: Nie darf man seinen Leser oder Hörer mit einem Informationsbrocken bedienen, der nach drei Sekunden noch sinnlos und unverdaulich ist – mit einer ersten Hälfte, auf die der sinnstiftende zweite Teil *zehn* Sekunden lang nicht folgen will.

In zwei Hälften müssen wir das Verb zerschlagen: immer im Perfekt (ich habe … geglaubt) und im Futur (ich werde mir das noch reiflich überlegen), oft auch im Präsens: Mir fällt … auf, ich lese … vor. Ein völlig korrekter deutscher Satz lautet beispielsweise: «Ich sage Ihnen in Anbetracht der vielen Unklarheiten des anderen Projekts, die sich trotz aller Bemühungen nicht haben beseitigen lassen, hiermit …» – was sagt er: zu? ab? oder vielleicht: «Sie können mich mal»? Auf *sage* folgen 19 Wörter mit zusammen 39 Silben, ohne dass der Leser ein Signal für den Sinn des Satzes bekommen hätte. Wenn aber die Auflösung endlich folgt (*ab* sagt er also), ist das *sagt* schon nicht mehr vorrätig im Kurzzeitspeicher.

Denn dessen Kapazität von drei Sekunden bedeutet, ins Hören oder Lesen übersetzt: sechs Wörter, zwölf Silben. Natürlich ist das ein grober Mittelwert: erstens, weil schon drei Wörter 15 Silben haben können (Kapazitätsengpässe im Beherbergungsgewerbe); zweitens, weil trainierte Leser in drei Sekunden mehr als zwölf Silben verarbeiten. Wer also einen Brief an einen Professor der Germanistik richtet, darf die beiden Hälften seines Verbums sicher um mehr als zwölf Silben auseinanderschleudern. Allen Schreibern von Fernsehnachrichten oder Steuerrichtlinien aber bleibt nichts anderes, als sich auf eine nichttrainierte Menge einzustellen – und folglich nach zwölf Silben das Beil anzusetzen.

Ist die Zerschlagung des Verbs noch eine Not der deutschen Grammatik, so fügt man ihr mutwillig eine weitere Plage hinzu, wenn man seinen Hauptsatz unterbricht, um einen Nebensatz dazwischenzuklemmen. In mündlicher Rede kommt diese Stilfigur so gut wie niemals vor, und in gelesenen Texten vergrault sie Hörer und Leser: «Das Haus, das unter so großen Mühen und unter Inkaufnahme erschreckend hoher Hypothekenzinsen ...» Das waren schon 28 Silben statt zwölf, und noch immer weiß ich nicht, ob dieses Haus abgebrannt oder ihm ans Herz gewachsen ist; und dabei hätte der Satz doch beginnen können: «Sein Haus ist abgebrannt – jenes Haus, das er ...» Welche Turbulenzen *vorangestellte Attribute* im Kurzzeitspeicher hervorrufen können, darauf wurde schon hingewiesen: «Das von ihm unter so großen Mühen und unter Inkaufnahme erschreckend hoher Hypothekenzinsen errichtete ...» Da ist nichts besser geworden – 14 Attribute mit 32 Silben, und noch immer kein Haus!

Führt es dann aber nicht zur Verarmung des Stils, wenn jeder sich zwingt, die Tücken der deutschen Syntax zu überlisten, indem er das Zusammengehörige mit maximal zwölf Silben unterbricht? Gewiss, Thomas Mann und Kleist haben sich nicht daran gehalten; Meister dürfen alles, wenn sie welche sind. Mehr große Stilisten aber haben sich instinktsicher des Dreisekundentakts bedient: mit Wörtern geizend wie Luther, Kafka oder Brecht, in feuriger Prosa wie Schiller oder Büchner, mit boshafter Brillanz wie Lessing, Lichtenberg und Heine.

Und warum schließlich dürfen wir nicht darauf vertrauen, dass der Leser zurückliest, wenn der Anfang ihm entfallen ist? Weil das weltfremd wäre: Er denkt gar nicht daran. Wer die Einschübe trotzdem häuft, könnte wissen, dass er bestenfalls zur Hälfte verstanden wird. Warum schreibt er dann?

42

Unruhe in der Untiefe

Diese Veränderungen ergeben zusammen nichts weniger als eine zweite russische Revolution», hieß es kürzlich im Leitartikel einer angesehenen deutschen Zeitung. Der Schreiber hatte offenbar das s übersehen – *nichts weniger* als eine Revolution, das heißt ja: eine Revolution ganz besonders wenig, nichts noch weniger als diese, also absolut keine Revolution. Aber wollte er das sagen? *Nicht weniger* wollte er sagen, nämlich ziemlich viel – geradezu eine Revolution! Ein einzelner Buchstabe kann die Verneinung tragen und *nichts* das Gegenteil von *nicht* bedeuten; kein Deutschlehrer hat uns das je erzählt, und so paddeln wir sorglos im Teich der Verneinungen, nicht ahnend, dass er schlimme Untiefen enthält.

Un-, das sind immerhin zwei Buchstaben, aber auch sie richten Unheil an, wenn es um die Eindeutigkeit der Mitteilung geht. Un- ist einerseits die Verneinung: *unpassierbar, unverzeihlich*. Leider ist es andererseits die Verstärkung, also die drastische Bejahung: *Untaten* und *Unmengen* durchkreuzen keineswegs die Taten und die Mengen, sondern sie zeigen sie in ihrer schlimmsten Form. Nimmt man den *Unrat* und die *Unverfrorenheit* hinzu, die den Rat und die Verfrorenheit weder verneinen noch bekräftigen, so stoßen wir wieder einmal auf die schmerzliche Einsicht: Logisch ist an der Sprache fast nichts; wer sich in ihr trotzdem unmissverständlich äußern will, muss List und Mühe investieren.

Was heißt nun *Untiefe*? Die Verneinung der Tiefe, also eine seichte Stelle? Ja, sagt der Duden. Oder die Verschlimmerung der Tiefe, also eine besonders tiefe Stelle? Ja, sagt der Duden. Segler und Seeleute haben damit kein Problem: Sie fürchten die flachen Stellen; die Tiefe zu verneinen ergibt für sie denselben Sinn, wie sich diejenige Form der Tiefe vorzustellen, die für sie die schlimmste ist: nämlich nicht genug Wasser unter dem Kiel zu haben. Für Nichtschwimmer und Landratten ist es leider umgekehrt: Sie haben Angst vor der unermesslichen Tiefe. Und so hat der zuständige Unhold in der Duden-Redaktion das Unding produziert, derselben Vorsilbe die Verneinung *und* die Verschlimmerung aufzubürden.

Da können wir nur hoffen, dass die fünf Buchstaben des Wortes *nicht* stets Klarheit schaffen, vorausgesetzt, dass wir nicht fahrlässig ein sinnumstülpendes s an sie anhängen. Doch die Hoffnung ist unbegründet. «Die Zerschlagung der Sowjetunion wirft die Frage auf, ob die Gefahr eines Atomkriegs dadurch – *größer geworden ist* oder *nicht größer geworden ist*»? Beides lässt sich sagen, das *nicht* ändert an der Bedeutung nichts.

Von solcher Art sind die Probleme mit der einfachen Verneinung. Wagen wir uns also unerschrocken an die doppelte, nach dem Muster «nichts für ungut» (was immer das bedeuten mag). Die doppelte Logik hat nur einen Haken: Nach hochdeutscher Logik sagt das zweite Nein «nein» zum ersten Nein, durchkreuzt es also und ergibt ein Ja. «Wir haben keinen Grund, nicht nach Berlin zu fahren» heißt: Wir können fahren.

Nur funktioniert es leider umgekehrt in allen Volkssprachen des Abendlandes, in allen deutschen Dialekten und sogar bei Schiller und Goethe; dort überall gilt der Grundsatz: Das zweite Nein ist eine Absicherung und Bekräftigung des ersten; was nicht ist oder nicht sein soll, kann gar nicht oft genug verneint werden – «I don't have no money» im amerikanischen Slang, «Ick hab keen Jeld nich» in Berlin. Das Ganze, wie unschön für die Logik (oder wie schön für die Unlogik), mit Goethe im Bunde; er schrieb aus der Schweiz: «Sie versicherte, dass sie *keine* erbärmlichere Geschichte *niemals* gehört habe.» Und mit Schiller: Der Herzog von Alba erließ ein Dekret, «das allen Niederländern *untersagte*, ohne seine Bewilligung *keine* Heirat zu schließen». Die Untersagung des Nichtheiratens ist nach aller Logik ein Heiratsgebot – aber eben nur nach ihr.

Wenn nun wenigstens die Logiker die doppelte Verneinung beherrschten! Sie tun es nicht und verwenden sie doch. «Wir haben dem Gewaltverzicht abgeschworen», versicherte der ehemalige Bonner Verteidigungsminister Hans Apel im Bundestag; er meinte: der Gewalt abgeschworen; er sagte: auf den Verzicht verzichtet, also die Gewalt gewählt. Lessing traute sich eine dreifache Verneinung zu und meisterte sie nicht: «Wie wild er schon war, als er nur hörte, dass der Prinz dich jüngst *nicht ohne Missfallen* gesehen» («Emilia Galotti» 11, 6). Das heißt: mit Missfallen; gemeint sein kann aber nur: mit Wohlgefallen. Die dreifache Verneinung ist logisch ein Nein, das durch das zweite Nein in ein Ja verwandelt und durch das dritte Nein in ein Nein zurückverwandelt wird – eine etwas umständliche Form des Neinsagens, deren Nichtunterlassung eigentlich ausgeschlossen werden sollte.

Wie quert man dieses Feld der Widersprüche, ohne sich den Knöchel zu verstauchen? Indem man sich aller bloß logischen doppelten Verneinungen enthält und auch der einfachen Verneinung mit wachem Misstrauen begegnet. In all den Neins und Nichts ist ja oft ein Ja verborgen, und es ist dieses Ja, das wir suchen, schreiben und sprechen sollten – auch hier mit Goethe verbündet: «Namen nennen dich nicht, dich bilden Griffel und Pinsel sterblicher Künstler nicht nach!», hatte ein Deutschlehrer 1812 zum Ruhm der Sonne gedichtet. Zu viele Verneinungen!, urteilte Goethe und machte daraus: «Alles kündet dich an! Erscheinet die herrliche Sonne ...»

43

Preisbereinigung auf
der Verbraucherstufe

Einerseits lachen wir darüber, dass unsere Urgroßeltern, soweit sie den sogenannten gebildeten Ständen angehörten, *Beinkleider* zu den Hosen sagten und zu Unterhosen die *Unaussprechlichen.* Wir rühmen uns eines frischeren, unverkrampften Umgangs mit der Sprache, ja, im Wortschatz der heutigen bürgerlichen Kreise haben sich fäkalische Wörter breitgemacht, und vorbei sind die Zeiten, als man unter den «Bumsern von Südtirol» noch die Urheber von Sprengstoffanschlägen verstehen konnte (wie der «Spiegel» in einer Überschrift von 1964).

Doch während unsere Sprache manche Verschrobenheit in der Tat abgestoßen hat und zugleich vulgärer geworden ist, produziert sie andererseits so viele neue Tarn- und Schmeichelwörter – bildungssprachlich: Euphemismen – wie noch nie. Mit diesem uralten Sprachtrick lässt sich ja dreierlei erreichen: Man kann beschönigen, man kann täuschen, man kann sich brüsten.

Ist ein Kramladen gerade groß genug, dass sich darin noch zehn Drahtkörbe aufstellen lassen, so nennt er sich Supermarkt. Die Klinkenputzer an den Apotheken wollen heute Pharmareferenten heißen, und bei Autos der oberen Preisklasse ist aus dem Motor längst das Triebwerk geworden. Von solcher Art sind die Renommier-Euphemismen.

Emsiger als unsere Ahnen sind wir auch bei dem Versuch, möglichst viel Trauriges und Anstößiges in freundliche oder wenigstens glimpfliche Begriffe einzuhüllen. In den Todesanzeigen ist häufiger von einer unheilbaren Krankheit als von Krebs oder Aids die Rede; Bestattungsunternehmen heißen in Amerika ganz heimelig *funeral homes*. Aus den Irren sind zunächst die Geisteskranken, heute die geistig Behinderten geworden, aus den Hilfsschulen die Sonderschulen, aus den Greisen die Senioren. Wo einer früher Mühe mit dem Lesen hatte, heißt er jetzt Legastheniker, und für die Orangenhaut auf feisten Oberschenkeln stellt die Medizin den Kosenamen Zellulitis zur Verfügung.

Von solcher Art sind die Trost-Euphemismen. Der Wunsch nach immer noch mehr Milde geht so weit, dass sich zuweilen kaum entscheiden lässt, ob man es mit einer neuen Schönrednerei oder vielmehr mit der Karikatur auf eine solche zu tun hat; so, wenn man in amerikanischen Publikationen einen Zwerg (Verzeihung: einen Kleinwüchsigen) als einen «in der Senkrechten Benachteiligten» *(vertically disadvantaged)* wiederfindet.

Als Präsident Truman 1949 eine Unterstützung der unterentwickelten Länder zum Programm erhob, dauerte es nicht lange, bis sie lieber Entwicklungsländer hießen – eine politische Schönfärbung, die freundlich und diskutabel war. Die meisten Euphemismen sind das nicht, sobald politische, militärische oder wirtschaftliche Interessen mitspielen; da sieht man so recht, wie vorzüglich sich die Sprache zum Verschleiern und Irreführen eignet.

Eine Verteuerung wird selten angekündigt; wir lesen stattdessen «Preiskorrektur», «Entzerrung des Preisgefüges» oder «Preisbereinigung auf der Verbraucherstufe». Für eine stagnierende Wirtschaft haben die Politiker sich das Nullwachstum einfallen lassen; Österreichs Bundeskanzler Bruno Kreisky setzte sogar das Plus-null-Wachstum in die Welt, keilte die

Null also zwischen zwei Begriffe ein, die nach Aufschwung schmecken sollten. Die Autoindustrie rühmt den immer geringer werdenden *Luftwiderstandsbeiwert* ihrer Modelle und baut darauf, dass der Laie den Hintersinn des Fachworts nicht versteht: Wenn der Beiwert sinkt, kann der Luftwiderstand immer noch steigen, wenn man nämlich Autos von unsinniger Größe produziert; der Beiwert drückt nur die Relation zwischen Widerstand und Oberfläche aus.

Ein Hauch von Verlogenheit umschwebt auch die Vorsorgeuntersuchung. «Vorsorge» würde ja bedeuten, dass sich mit ihrer Hilfe ein Krebs vermeiden ließe. Davon aber kann nicht die Rede sein. Es handelt sich also um Früherkennung. Was aus der folgt, ist offen: vielleicht eine rettende Behandlung – vielleicht nur ein früheres Bescheidwissen über das Ende, also eine Verlängerung des Leidens.

Von solcher Art sind die Tarn-Euphemismen. Am gründlichsten tarnt sich naheliegenderweise das Militär: Der Krieg heißt «Verteidigungsfall», der Rückzug «Frontbegradigung», umgebrachte Frauen und Kinder sind ein «Kollateralschaden», und im Spanischen Bürgerkrieg stand in einem Kommuniqué der republikanischen Truppen der große Satz: «Unser Vormarsch dauerte ohne jeglichen Geländeverlust an.» Mit einem ähnlich dichten Tarnnetz operiert die Atomindustrie, wenn sie versucht, ihre Mülldeponien als *Entsorgungsparks* unter die Leute zu bringen. Da ist eine Sprachleistung vollbracht wie in Orwells «1984», wo das fensterlose Hauptquartier des Geheimdienstes «Ministerium der Liebe» heißt.

Sollen wir nach alldem die Euphemismen tadeln oder meiden? Die täuschenden ja – die tröstenden sicher nicht. Und schon gar nicht die listigen: *horas intensivas*, das ist so einer. Auf diese Arbeitsstunden freuen sich spanische Beamte, wenn der Sommer naht. Wie das? Nun, sie bekommen hitzefrei, sie arbeiten nur den halben Tag. Was sie benennen, ist indessen nicht die gewonnene Freizeit, sondern die bewundernswerte Intensität, mit der sie in den verbleibenden Stunden zu arbeiten versprechen. So schön kann Sprache sein.

44

Die Tücken des Lesens

Was wären wir ohne das Alphabet! Wie sollte es uns ohne es gelingen, im Lexikon zwischen Paprika und Papua den Papst aufzustöbern? Wie sollten wir uns ins Internet einklinken, wenn wir der Buchstabenfolge *http://www.ids-mannheim.de/reform* lesetechnisch nicht gewachsen wären? Nein, im Ernst: Selbstverständlich ist es zu bedauern, dass auf der Erde rund eine Milliarde Analphabeten leben, wie die UNESCO feststellt; jeder vierte Erwachsene kann nicht lesen und schreiben, selbst in Deutschland haben an die drei Millionen Menschen Mühe, auch nur Straßenschilder zu entziffern. So wird mit Recht jedes Jahr am 8. September der *Weltalphabetisierungstag* begangen.

Schon dieses Wort aber kann einen ins Grübeln bringen. Wie beschwerlich liest es sich mit seinen acht deutschen und griechischen Silben und der Buchstabenfolge *sierung* mittendrin, die man in der Lyrik aller Völker so wenig finden wird wie in ihren heiligen Schriften oder ihren Witzen – und welchen historischen Ballast schleppt es mit! Weil die Griechen vor 3000 Jahren die Zeichen Alpha und Beta an den Anfang ihrer Buchstabenreihe setzten, sollen wir also den Welttag der Anverwandlung dieser Reihe zwecks Herstellung allgemeiner Lesetauglichkeit begehen. Mit der Beherrschung der Schrift entwickelt sich offenbar auch unsere Fähigkeit, Wortgebilde zu ersinnen, die kein Erzähler an Lagerfeuern oder in Karawansereien je hätte benutzen dürfen, ohne dass die Zuhörer eingeschlafen oder schreiend davongelaufen wären.

Kein Wunder also, dass schon Platon auf die Nachteile des Schreibens hingewiesen hat. Im «Phaidros» lässt er seinen Sokrates – den Philosophen, der keine Zeile hinterließ – eine Attacke reiten gegen die Schrift: Sie lasse das Gedächtnis verkümmern, und jedes einmal hingeschriebene Wort treibe sich fortan unkontrollierbar in der Welt umher «und weiß gar nicht, zu wem es sprechen soll und zu wem nicht». Dies sind unstreitig zwei Nachteile, und es gibt noch mehr.

Natürlich wäre es weltfremd, nicht auf die Alphabetisierung möglichst aller Erwachsenen auf Erden zu dringen: Wer nicht lesen kann, steht der modernen Welt als hilfloses Opfer gegenüber, und der Zugang zu vielen der großartigsten Produkte des Menschengeistes bleibt ihm verwehrt. Dennoch lohnt es sich, bei den vielen Nachteilen der Schriftkultur zu verweilen. Wer neben ihren Vorzügen auch ihre Fallgruben ausleuchtet, kann daraus sogar eine realistische Entscheidung ableiten: wann eigentlich Kinder idealerweise in die Welt der Buchstaben eintauchen sollten und ob dies nicht, nach Sitte oder regierender Mode, oft unnötig und gefährlich früh geschieht.

Wird einem Kind ein Märchen *erzählt, so* kann es Zwischenfragen stellen, und ohnehin wird die Erzählerin seinen großen Augen ansehen, ob sie mit den richtigen Worten den richtigen Ton getroffen hat. Das lesende Kind ist mit den Buchstaben allein. Es beginnt, sich jenem Bombardement von Wörtern auszusetzen, die nun sein Leben lang auf es eindreschen werden – Wörtern, die weder jetzt noch hier noch ausdrücklich zu ihm gesprochen worden sind, schönen und albernen, hohlen und giftigen. In die Milliardenindustrie des Buch- und Pressemarkts wird das Kind als Endverbraucher unwiderruflich eingestöpselt.

Dies enthält ein paar unheimliche Elemente. Welche Qualität hat denn das Gedruckte, das lawinenartig auf uns alle niederstürzt? Wie verhält sich die Menge der Anregungen und nützlichen Informationen, der Fernblicke und Bereicherungen zu dem, was sonst so alles publiziert wird: Irrtum, Lüge, Wahnidee, Gewäsch und Kitsch? Was sollen wir von einem Menschen halten, der gerade genug gelernt hat, um ein demagogisches Pamphlet zu lesen, aber nicht genug, um sich zu kritischer Distanz gegenüber seinem Inhalt zu erheben?

Da sollten wir auch nicht zu schnell die Nase rümpfen darüber, dass die Wörter auf vielen Feldern von den Bildern verdrängt werden. Statt des Wortes «Notausgang» finden wir mehr und mehr das rennende Männchen, das von Flammen gejagt wird; durch Sportanlagen werden wir mit Piktogrammen geleitet, das Fernsehen ist bei vielen Menschen an die Stelle der Lektüre getreten, und der Weltruhm der Lady Di war in erster Linie den Bildern zuzuschreiben, die der Paparazzi eingeschlossen.

Dass wir in Zukunft mit beiden werden leben müssen, den Texten und den Bildern, macht der Computer anschaulich. Einerseits zeigt er Karteikarten oder Papierkörbe als Symbole für «Einordnen» oder «Weg damit». Andrerseits ist seine Tastatur ein Tablett voller Buchstaben wie nur je eins, und sich in ihnen nicht auszukennen wird über kurz oder lang mehr Nachteile bringen als je zuvor in 3000 Jahren Schreibgeschichte.

Wir werden also weiter lesen, Karl Marx, Karl May, Karl Lagerfeld, und nicht jedes Gedicht, das den Wald besingt, wird so schön sein wie der Baum, der gefällt werden musste, damit es gedruckt werden konnte. Wie sagte Helmut Thoma, der nie um einen zynischen Spruch verlegene ehemalige Chef von RTL? Das Fernsehen werde noch sehr viel Schund produzieren müssen, bis es an die Menge Schrott heranreiche, die in Büchern begraben liegt.

45

Gedichte, die keine sind

Es ist ja wahr: Auf *Mensch* lässt sich so wenig ein Reim finden wie auf *Apfel*, und umgekehrt: Was sich so glatt reimt wie Herz auf Schmerz, das findet Beifall nur bei kindlichen Gemütern. Reim muss nicht sein, die antike Lyrik kannte ihn nicht, der junge Goethe verschmähte ihn, und überwiegend reimlos sind die schwungvollen Verse der Schiller'schen Dramen. Zum Vers aber gehörte bis in unser Jahrhundert unangefochten das Metrum, das rhythmische Maß, wie in der «Jungfrau von Orleans»:

> *Lass mich! Es ist der Freude Drang, der mich*
> *zu deinen Füßen niederwirft, ich muss*
> *Mein überwallend Herz vor Gott ergießen.*

Doch das ist lange her. Gereimt wird heute meist nur noch für Familienfeiern («Dank allen Gratulanten, dem Onkel und den Tanten»), und das Versmaß ist seit Bert Brecht aus der Mode gekommen. «Auf der Flucht vor meinen Landsleuten bin ich nun nach Finnland gelangt», berichtet Brecht. «Freunde, die ich gestern nicht kannte, stellten ein paar Betten ins saubere Zimmer.» Das ist Prosa, ungebundene Rede, weder dem Reim noch dem Rhythmus verpflichtet. Aber Brecht hat den Text «Gedicht» genannt und ihn so geschrieben:

> *Auf der Flucht vor meinen Landsleuten*
> *Bin ich nun nach Finnland gelangt. Freunde,*

174

Die ich gestern nicht kannte, stellten ein paar Betten
Ins saubere Zimmer.

Warum dieser erkünstelte Zeilenfall? Er ändert ja nichts am Prosacharakter. Er verlangsamt freilich die Lektüre und legt dem Leser nahe, nach Hintersinn zu grübeln. Das scheint dem Autor zu gefallen. Ohne all den Aufwand an Zeit, Phantasie und Sprachgefühl, den das Versmaß und erst recht der Reim erfordern würde, heimst er einen Teil jenes Respektes ein, der aus dem optischen Eindruck, hier sei ein Gedicht entstanden, folgt.

Die Mode, die Prosa mit graphischen Mitteln zur Lyrik aufzuputzen, ist indessen etlichen zeitgenössischen Poeten nicht mehr modern genug. Statt ihren Text nur zu zerstückeln, spielen sie auch noch innerhalb der Zeilen mit künstlichen Zäsuren wie der Schweizer Lyriker Sepp Mall:

Wer weiss / wer
diesen Ort so
genannt hat / Heimat
: Das gelbe Gras / zwischen
Gleis und Autobahn

! Ein Doppelpunkt am Anfang der Zeile – die Interpunktion *vor* dem Text! Ulla Hahn, oft gedruckt in der «Frankfurter Allgemeinen», hält es umgekehrt mit der Tilgung aller Satzzeichen (ein Komma ausgenommen, das den Pol der Sinnlosigkeit markiert):

Gott und alle Engel sollten ihn schützen
Wen Den der da liegt Wo liegt Wo
Gras wächst liegt er wie man so

auf, Wiesen liegt die Beine ein wenig
gespreizt entspannt die Sprache
eines Körpers der schläft

Treffe mich, Tiefsinn, lasse mich jauchzen! Deutscher Grammatik angenähert, läse sich der Text vermutlich so: «Gott und alle Engel sollten ihn schützen! Wen? Der da liegt. Wo liegt? Wo Gras wächst, liegt er, wie man so auf Wiesen liegt – die Beine ein wenig gespreizt, entspannt, die Sprache eines Körpers, der schläft.»

In vollen Zeilen geschrieben und mit jenen schönen Lesehilfen versehen, die man Interpunktion nennt, bleibt der Text poetisch und schwierig genug; nun könnte man ihn als *Prosagedicht* würdigen, einer Gattung zugehörig, die in Frankreich mit Baudelaire und Rimbaud berühmt geworden ist. Wie er stattdessen gedruckt wurde, nährt er den prosaischen Verdacht, hier werde mit Hilfe des Zerhackers eine Aura von Tiefsinn produziert.

Versmaß hin oder her – der Reim hat natürlich auch Nachteile. In Kinderversen, Volksliedern, Bauernregeln ist er dermaßen populär, dass ein Geist, der zu Höherem strebt, sich eben dadurch abgestoßen fühlen könnte. Die Sprache zwingt er in ein Korsett, das zuweilen zwar großartige Gedankensprünge provoziert, häufig aber krampfhaftes Bemühen wie: «Ich bin die Ruhe zwischen zweien Tönen, / die sich nur schlecht aneinander gewöhnen» (Rilke) und elende Reime wie *widow* auf *forbid too* (Byron) oder *Zweige* auf *Gesträuche* (Goethe, vermutlich durch seine Frankfurter Mundart begünstigt, in der es ja annähernd *Zwoiche* heißt).

Daneben aber: Welche Meisterschaft, welches Vergnügen! Die äußerste Verdichtung: «For what is left the poet here? / For Greeks a blush – for Greece a tear» (Byron über seine traurigen Erfahrungen in Griechenland). Der volksliedhafte Ton, in dem Heine Meister war:

> *Melodisch kann ich wieder klagen*
> *Von großem Lieben, größrem Leiden,*
> *Von Herzen, die sich schlecht vertragen*
> *Und dennoch brechen, wenn sie scheiden.*

Eben in der Fülle des Gelungenen aber liegt womöglich eine Entmutigung für die Lyriker von heute. Alles ist schon da gewesen, und wer nicht besser sein kann, der versucht, anders zu sein um fast jeden Preis – weg vom «göttlichen Hopsasa», wie Nietzsche es nannte, hin zu der Forderung von Ossip Mandelstam: «Aus guten Gedichten kann man heraushören, wie die Schädelnähte gesteppt werden.» Bravo! Wenn wir doch dabei nur um Punkt und Komma bitten dürften und vielleicht um den Verzicht auf Zeilentänze.

46

Visite am Ballhausplatz

Wechsel im Ausdruck? Synonyme wählen? Unbedingt! Keinesfalls! Beides ist richtig – je nachdem. Jeder Schüler lernt zu Recht, dass er nicht zweimal in einer Zeile *aber* schreiben soll, sondern beim zweiten Mal doch, jedoch, dennoch, trotzdem, indessen, hingegen oder allerdings. Auch sollte man jedem Kind die Chance geben, in den Wortschatz seiner Muttersprache hineinzuwachsen, statt *schlecht gelaunt* auch einmal *lustlos* zu sagen und Nachbarwörter wie *missmutig, trübsinnig, griesgrämig* wenigstens zu würdigen, warum nicht auch das schöne alte *sauertöpfisch* oder das regional gebundene *miesepetrig*.

Den Ausdruck zu wechseln hat also dreierlei Vorzüge: Es vermeidet den Ochsentrott der hartnäckig wiederkehrenden Silben; es schöpft das Erbe unseres in Jahrtausenden aufgehäuften Wortvorrats aus; und es macht Abstufungen der Farbe, der Aura, der Stilebene möglich, die die Sprache glitzern und vibrieren lassen. Schön, wenn einer die sinnverwandten Wörter *mutig, tapfer, kühn, tollkühn* und *verwegen, beherzt, couragiert, unerschrocken, draufgängerisch* und *wagemutig* mit allen ihren Schattenwürfen kennt, vielleicht sogar verwendet und auch ihre betagten Brüder *brav, wacker, trutzig* noch einzuordnen weiß.

Bis hierher herrscht unter Germanisten und Journalisten Einigkeit. Die meisten gehen jedoch noch weiter: Sie fordern den Wechsel im Ausdruck immer, sie differenzieren nicht. Das ist der Punkt, an dem ich Zwietracht säen will: Fast jede

Aussage enthält einen Begriff, den auszutauschen wir nicht einmal versuchen sollten.

Da hat also die österreichische Regierung etwas beschlossen. Der Nachrichtensprecher verweilt dabei vier Sätze lang. Im zweiten Satz nennt er, braver Schüler, der er ist, das handelnde Subjekt *Wien*, im dritten *das Donauland* (darauf kann man wetten) und im vierten *der Ballhausplatz*, weil an dem der Bundeskanzler residiert. Was ist da geschehen? Die Hauptstadt anstelle des Landes – das mag angehen, wenn man sie so gut kennt. Aber im Nachrichtendeutsch hören wir auch *Amman* für Jordanien, ja sogar *Tegucigalpa* für Honduras – und da wird mit dem Synonym ein Götzendienst, mit der Verständlichkeit aber Schindluder getrieben. *Donauland* ist zwar nicht falsch, doch auch nicht präzise: Denn die Donauländer reichen von Baden-Württemberg bis Bulgarien, und Ungarn wie Rumänien werden in viel höherem Grade als Österreich von der Donau bestimmt. Der Ballhausplatz schließlich stürzt in dieselbe Grube wie Tegucigalpa: Für die meisten Hörer bleibt er dunkel immerdar.

Mit der Zwangsvorstellung also, der Ausdruck müsse gewechselt werden um jeden Preis, zieht Unsinn ein in den Versuch, einem anderen Menschen etwas mitzuteilen. Die lexikalische Varianz ist nur dann erstrebenswert, wenn sie sich auf Färbungen (wie *missmutig*) oder auf Funktionen (wie *jedoch*) erstreckt; die Sachen, die Hauptwörter, vertragen den Wechsel nicht. Für die meisten ist ein geläufiges und deckungsgleiches Austauschwort ohnehin nicht vorhanden, einem verbreiteten Irrglauben zuwider; die Mehrzahl der Synonyme ist folglich schief, krampfhaft oder lächerlich.

Wir haben kein anderes Wort für Wind, denn Sturm ist mehr und Brise weniger. *Sonnabend* ist kein Synonym für

Samstag, sondern je nach Region lässt sich nur das eine oder das andere verwenden. Wird der Besuch des Staatsmanns im nächsten Satz als *Visite* bezeichnet (wie es unter Journalisten üblich ist), so hat man ein schiefes Synonym gewählt: Denn die Visite ist ein Besuch von oben herab, zum Beispiel des Papstes in einer Diözese oder des Chefarztes am Krankenbett; ein Besuch ist ein Besuch und sonst nichts. An die Stelle der *Sonne* pflegt im zweiten Satz der Nachricht *das leuchtende Zentralgestirn* zu treten – eine Steißgeburt, die dem Schreiber in spontaner Rede nie unterlaufen würde, so wenig wie *Urnengang* für Wahl oder einst *der Leimener* für Boris Becker, wie in Deutschland gang und gäbe.

Die Suche nach unanfechtbaren Synonymen für Hauptwörter ist also zumeist vergeblich – und schon der Wille, sich auf diese Suche zu begeben, ist dubios. Wenn einer die Sache, von der er spricht, plötzlich mit einem anderen Wort bezeichnet, so enttäuscht er eine Art Urvertrauen: dass ein Ding seinen Namen habe und nur diesen. Wer den Wind meint, soll vom Wind reden – und sich gar nicht erst bemühen, ihn durch *landesübliche Luftbewegung* oder *mittelstarkes Naturgebläse zu* ersetzen.

Und dann gibt es Schreiber, die *wollen* ihr Wort wiederholen, um eben dadurch Wirkung zu erzielen. Die Bibel hallt wider von grimmigem Beharren auf den immer selben Wörtern: «Am Anfang war das Wort und das Wort war bei Gott und Gott war das Wort, dasselbige war am Anfang bei Gott.» Der Koran ganz ähnlich, auch Luthers Schriften, Brecht, Thomas Bernhard, Günter Grass. «Süßen Frühlings süßer Bote», heißt es bei Goethe, bei Thomas Mann (über Schiller): «Man war noch nicht elend, ganz elend noch nicht, solange es möglich war, seinem Elend eine stolze und edle Benennung zu schenken.» Dreimal «elend» – das eben kann edel sein. Und gloriose Rechthaberei kann aus der Wiederholung springen, wie in Lessings Streitschrift gegen den Pastor Goeze: «In diesem Ton schreckt man auch ab; und das wollte ich. Abschrecken wollte ich.» Vom Synonym um jeden Preis.

47

Geisterfahrer im Internet

Wir werden sie vermissen, die Welt der alles in allem wohlgeordneten Informationen, die uns halfen, uns auf der Erde leidlich zurechtzufinden. Ihr Untergang zeichnet sich ab, die Anarchie der Worte kriecht heran, Mr. Gorsky ist unser Zeuge.

Wer sich seinen Mitmenschen mitteilen wollte, der war bis zum Siegeszug des Buchdrucks auf einen sehr kleinen Kreis angewiesen: der Häuptling auf seine Horde, der Volkstribun auf die paar tausend, die seine Stimme allenfalls erreichte, der Dichter auf die wenigen Besitzer seines Pergaments. Seit aber Bücher und Zeitungen zu Millionen gedruckt werden, war die Ausbreitung des eigenen Wortschwalls noch immer ein Privileg: Man musste ja einen Verleger, Lektor, Redakteur finden. Wenn der kleine Mann – der, für den kein Drucker sich erwärmte – sich über seinen Freundeskreis hinaus Gehör verschaffen wollte, so musste er schon nach London fahren und sich im Hyde Park auf eine Kiste stellen.

Nun hat das Internet alle Beschränkungen der Redefreiheit ebenso hinweggefegt wie das plausible Maß an Ordnung, das bisher in allen Mitteilungen herrschte. Im weltumspannenden Verbund der Freunde und Narren des Computers kann jetzt jeder zu Millionen sprechen – wie schön; aber nichts und niemand liefert uns mehr ein Indiz, was davon wir glauben sollen.

Erst dabei wird uns klar, bis zu welchem Grade es der Absender war, der uns inmitten der Sturmflut der Worte Orientierung bot. Vertrauenswürdiger Politiker, demokratische Behörde, renommierte Zeitung: Wir glauben, was die uns wissen lassen. Propagandaminister, Lobbyist, Revolverblatt: Wir glauben wenig oder nichts. Roman: Wir wissen, dass er das Fabulieren zur Kunst erhoben hat. Ein neues Mittel gegen Krebs? Finger weg – bis nicht eine angesehene Wissenschaftszeitschrift es als seriös bezeichnet.

In solcher Einschätzung der Absender, der Filter, der Mittelspersonen mag uns durchaus dieser oder jener Irrtum unterlaufen sein; doch der Informationsstrom war reguliert, etikettiert und alles in allem berechenbar. Genau dies fehlt heute – und genau das ist es, was etliche Kommunikationswissenschaftler an Mr. Gorsky beunruhigt, so harmlos sich der Fall auch anlässt. Da geisterte jahrelang die Behauptung um die Erde, Neil Armstrong, der erste Mensch auf dem Mond, habe nach seinem berühmten Satz «Das ist ein kleiner Schritt für einen Menschen, aber ein gigantischer Sprung für die Menschheit» noch einen zweiten gesprochen, nämlich: «Und nun viel Glück, Mr. Gorsky.» Und auf all die Fragen, die sich da aufdrängen, hat der Unbekannte selbstverständlich eine Antwort parat.

Warum hat niemand auf der Erde diesen Satz gehört? Weil die NASA ihn geistesgegenwärtig abgeschnitten hat. Gibt die NASA das denn heute zu? Natürlich nicht. Und warum sollte Armstrong einen solchen Unsinn geredet haben? Weil es nicht nur Unsinn war. Was war es dann? Eine Kindheitserinnerung, Armstrong selbst habe das zugegeben. Was für eine Erinnerung? Nun, dem kleinen Neil war sein Ball in den Nachbargarten gefallen, zu den Gorskys, und während er ihn holte, hörte er aus dem offenen Schlafzimmerfenster Frau Gorsky schreien: «Das kannst du erst mit mir machen, wenn der Nachbarsjunge auf dem Mond spazieren geht!» Und da habe eben er, Armstrong, vom Mond aus dem Mr. Gorsky viel Glück gewünscht.

Mit scheinheiliger Beiläufigkeit lupft der Gorsky-Scherz den Vorhang vor einem Drama der ungeheuren Chancen, Risiken und Verwirrungen. Wenn das einstige Privileg, die Massen zu erreichen, sich demokratisiert, wenn jeder Mensch auf Erden sich an jeden und im Extremfall an alle wenden kann – dann heißt das auch: Ein Witzbold, der ein paar Millionen Mitmenschen eigentlich nur erheitern wollte, stürzt vielleicht eine Regierung. Jeder Wirrkopf, bisher auf sein Dorf beschränkt, kann Unsinn bis nach Australien streuen, jeder Fanatiker, bisher durch Journalistenboykott oder durch Sperrklauseln an öffentlichem Wirken gehindert, kann mit einem guten PR-Berater zur halben Menschheit sprechen.

Natürlich: Neue Ordnungskräfte werden sich herausbilden, Institutionen werden auf den Plan treten, die sortieren, filtern und Vertrauen auf sich ziehen wie bisher eine große Redaktion. Aber daneben wird reichlich Platz bleiben für die Schmeißfliegen der Lüge und die Hornissen des Wahnsinns, und verscheuchen können wird sie keiner mehr.

48

Jetzt, demnächst oder nie

Verwirrend genug, dass das lateinische *altus* zugleich hoch und tief bedeutet und das französische *personne* jemand und niemand, immer mehr aber «niemand» in der Umgangssprache, «Person» soll «keine Person» bedeuten, so einfach ist das. Nun hat sich das Privatfernsehen darangemacht, dem bisher unschuldigen Wort *jetzt* den Sinn «jetzt gerade nicht» aufzunötigen; und wenn ihm das gelänge, dann hätten wir kein Wort mehr, mit dem sich beschreiben ließe, dass etwas in diesem Augenblick geschieht oder im nächsten Augenblick beginnt.

Man muss einräumen, dass wir noch nie verliebt in Wörter waren, die uns auf die Gegenwart oder auf eine nahe Zukunft festnageln wollen. «Ich erledige das so schnell wie möglich», sagen wir beispielsweise, und oft lachen wir uns dabei ins Fäustchen: Es mag ja in sieben Wochen sein. Warum es vorher nicht möglich war, werde ich schon zu begründen wissen.

Auch das Wort *sofort* verweist als Meister des Eiertanzes auf Wortbedeutungen, die wir nicht mögen. Eigentlich heißt «sofort»: unverzüglich, alles stehen und liegen lassend. Wenn eine Verordnung «ab sofort» gilt, dann eben nicht ab übermorgen, und wer ein schreiendes Kind anherrscht «Du bist jetzt sofort still!», der will nicht, dass der Lärm in zwei Minuten aufhört, sondern in der nächsten Sekunde.

Aber da es unbequem und unwillkommen ist, die eigene Tätigkeit so rabiat zu unterbrechen, betreiben wir seit Generationen eine Begriffsaufweichung: Wer auf einen Zuruf mit

«Komme sofort» reagiert, teilt de facto mit, dass er eben nicht alles liegen lässt, sondern in ein paar Minuten zu kommen gedenkt, sobald er noch dieses oder jenes zu Ende geführt hat; «in baldiger Bälde» also, um mit Karl Valentin zu sprechen.

Dem *sofort* ergeht es ähnlich wie dem *gleich*, das eigentlich *sogleich*, das heißt wiederum *sofort* bedeutet, noch bei Nestroy: «Es muss ja nicht gleich sein, es hat ja noch Zeit.» Die beliebte Restaurant-Auskunft «Kollege kommt gleich» jedoch besagt: Lieber Gast, du wirst noch ziemlich lange nicht bedient werden – mit einem ähnlichen Effekt wie die verwandte gastronomische Höchstleistung «Der Kaffee kommt frisch», deren Sinn nur lautet: Glauben Sie ja nicht, dass Sie schon bald mit Kaffee rechnen können.

Auf diesem Weg schreitet das Privatfernsehen voran. Es unterscheidet *gleich* von *jetzt* oder *in wenigen Augenblicken*, und Schindluder treibt es mit allen dreien. Während Film A noch läuft, endet der letzte oder vorletzte Werbeblock oft mit einer Reihe greller Szenen aus Film B, mit der Ansage: «Gleich auf RTL» (zum Beispiel). Und was heißt das? Nun noch der Schluss von Film A, dann die Werbung zwischen den Filmen und dann Film B, frühestens in einer Viertelstunde. Nie zuvor wurde das Wort «gleich» so dreist gedehnt.

Ist Sendung A beendet, so wird zum zweiten Mal auf Sendung B verwiesen, nun mit der Formel «in wenigen Augenblicken» – wiederum eine kalkulierte Irreführung, denn der Augenblick ist definiert: irgendwo zwischen 0,06 Sekunden, der Wahrnehmungsschwelle des Auges, und 0,8 Sekunden, der Schrecksekunde, die uns die Gerichte bei Unfällen zubilligen. Mit «wenigen» multipliziert, kann es sich unmöglich um mehr als zehn Sekunden handeln. So rasch aber beginnt Film B durchaus nicht – erst müssen wir uns minutenlang von Reklame vollquäken lassen.

Immerhin: Die Auskunft «In wenigen Augenblicken» enthält einen Rest von Fairness, insofern, als sie, wenn auch irreführend kurz, in die Zukunft greift. Häufiger hören wir «Jetzt auf SAT1», und das vor dem Werbeblock – jetzt also nicht! Da wird die Zukunft als Gegenwart ausgegeben und die Sprache genotzüchtigt. «Jetzt», das hieß bisher unangefochten: wenn wir im Fernsehen Zeuge werden, wie Roger Federer bei den Australian Open einen Matchball schlägt, auf der anderen Seite des Globus; und da ist das Licht, die Umwege über Satelliten eingerechnet, etwa eine Fünftelsekunde unterwegs, für einen Zeitraum also, der sich mit dem Wort «jetzt» gerade noch überbrücken lässt.

Die lähmenden Minuten aber, die die Privatsender zwischen das gesprochene Jetzt und das erlebte zwängen, ließen sich, nach der anderen Seite übertrieben, auch so beschreiben: «Unseren nächsten Film sehen Sie nach Durchquerung einer Werbewüste. Die Minuten werden Ihnen wie Stunden vorkommen. Verzagen Sie nicht! Demnächst viel Vergnügen.» Oder so: «Da *jetzt* der neue Film beginnt, laden wir Sie unfreiwillig ein, die nun folgenden Werbespots aus Ihrem Bewusstsein auszublenden.»

Sollte dem Fernsehen mit dem *jetzt* gelingen, was wir mit *sofort* und *gleich* bauernschlau schon angerichtet haben, so bleibt uns für das Jetzige nur die Umschreibung «in diesem Augenblick» und für das Sofortige der Rückgriff auf Wörter aus einer Zeit, da das Fernsehen nicht erfunden war: spornstreichs, stehenden Fußes, ungesäumt. («Postwendend» war einst auch gebräuchlich, aber das mit naher Zukunft zu assoziieren, hat die Post uns abgewöhnt.) Während wir im Sport die Exaktheit bis zur Hundertstelsekunde treiben, machen wir in der Sprache Gulasch aus den Tempora.

49

Viel Gegacker, wenig Eier

Troja auszugraben oder die Hieroglyphen zu entziffern war ein geringes Problem, verglichen mit einem, vor das *wir* die Archäologen künftiger Jahrtausende stellen werden: Auf Ton- und Videobändern, auf Schallplatten und Festplatten, in Büchern und Protokollen hinterlassen wir ihnen einen Wort-Ozean, in dem selbst ein Team unerschrockener Forscher nur wird ersaufen können. Noch nie wurde auf Erden so viel Geschwafel produziert, vervielfältigt und für die Nachwelt festgehalten.

«Alles redet, nichts gerät, alles gackert, aber niemand will Eier legen.» Nietzsche notierte das 1883 – und natürlich sollte uns das misstrauisch stimmen: Wenn die Klage so alt ist – wäre am Ende gar nichts Neues passiert? Doch. Die elektronische Protokollierung und Vervielfältigung hat die uralte Neigung des Menschen, sich an seinem Wortschwall zu berauschen, in die Potenz gehoben.

Der Neigung uneingeschränkt folgen konnten ja einst nur Häuptlinge, Priester, Lehrer und orientalische Märchenerzähler. Der kleine Mann hatte in der Öffentlichkeit das Maul zu halten; die Meinungen von Siebzehnjährigen wollte einfach niemand kennenlernen; und von einem griechischen Olympiasieger erwartete man keine Kommentare. Wäre er aber töricht genug gewesen, sie zu sprechen, so hätten ein paar Umstehende sie gehört – und nicht, wie heute, Millionen.

Zwar ist weithin unerforscht, nach welchem Schlüssel der

liebe Gott seine irdischen Gaben auf die Menschen verteilt hat; doch alle Erfahrung spricht dafür: Der beste Redner des Parlaments ist fast immer ein Versager im Hammerwerfen, und der erfolgreichste Torschütze einer Fußballmeisterschaft hat sich noch nie durch rhetorische Gaben oder profunde Einsichten ausgezeichnet. Da man doch dem Redner das Hammerwerfen erspart – warum hält man dem schweißtriefenden Außenstürmer ein Mikrophon unter die Nase? Dümmeres als sein Gestammel ward nie millionenfach verbreitet: Wer wollte Verwahrung einlegen gegen diesen Superlativ?

Es sind vor allem Radio und Fernsehen, die das Verhältnis zwischen Eiern und Gegacker dramatisch verschoben haben. Jeder Sender erzeugt einen Sog nach Wortprodukten, die Geschwätzigkeit ist sein Lebenselixier. Er braucht Ansager, Reporter, Interviewer, Talkmaster und Dampfplauderer, die keine Sekunde der Stille aufkommen lassen; und ohne die Sprachleistungen der einstigen Wortmonopolisten, der Häuptlinge, Priester und Lehrer, unnötig hochloben zu wollen, wird man festhalten dürfen: Was sie zu sagen hatten, hatte im Durchschnitt mehr Substanz, und wie sie es sagten, mehr Brillanz als das, was uns heute aus allen Lautsprechern entgegenschallt. Für das Niveau der Interviewten aber gab es bis zur Einführung des Rundfunks überhaupt kein Gegenstück.

Ist es Zufall, dass parallel dazu der Wortrausch auch auf ganz anderen Feldern überschäumt? In den Kilometern von Tonbändern, die schließlich Richard Nixon strangulierten? In der Zungendrescherei auf tausend Kongressen? In der Rock- und Popmusik, in der kaum je eine Minute ohne gesungene, gekrähte und gekeuchte Worte verstreicht, während der Wiener Walzer wie der Jazz überwiegend von wortlosen Instrumenten getragen wurden? Sind nicht viele der Texte, die uns da in die Ohren schrillen, so beschaffen, dass ihre

Übertönung durch Klarinetten und Posaunen ein Beitrag zur Mehrung des Weltkulturerbes wäre?

Wer der Diagnose zustimmte, dass das elektronische Gelaber die Sprache immer penetranter und zugleich immer ärmer macht – der stünde vor der Frage: Ist dies bloß ein Seufzer über die hoffnungslos fortschreitende Schlechtigkeit der Welt, oder ließe sich etwas dagegen unternehmen? Die Aufforderung «Leute, haltet endlich die Schnauze, es ist alles gesagt!» wäre ja erstens chancenlos, zweitens zu grob und drittens gegenüber einer Minderheit von Sprachprodukten noch immer ungerecht.

Eine Lösung des Problems ist nicht in Sicht. Doch eine Linderung ließe sich erzwingen, die zugleich ein Akt der Rache wäre. Sie bestünde darin, dass wir das amerikanische *zap* endlich übersetzen, statt es uns als «Zappen» anzueignen, worunter wir das Hin- und Herzappeln zwischen den Programmen verstehen. Amerikaner hören das Wort ganz anders; es entstammt dem Slang, ist der Gaunersprache nahe und heißt: abknallen, wegpusten, durch die Gegend ballern.

Und schon benennt das Wort nicht mehr Wankelmut und Unersättlichkeit, wie wir Zapper uns das von neunmalklugen Kulturkritikern vorhalten lassen müssen, sondern einen legitimen Akt der Gegenwehr. Sie ballern uns die Stuben voll, die Marktschreier, die Salbaderer, die Keucher aus Werbung, Unterhaltung, Politik und Sport – und wir haben die Macht, sie wegzupusten! Stummfilme können wir aus ihnen machen, sie zu schweigender Gestikulation verdammen oder sie unwiderruflich aus dem Bildschirm knallen. «Aktives Fernsehen» also sollte man das nennen – ein Beitrag dazu, dass die Sprache uns nicht «zerschabt und zerschunden aus hundert Mäulern hängt», wie Nietzsche es einst prophezeite.

50

Schön wie ausgekämmte Haare

Wie riecht Dill? Welche Farbe hat die Haut der Europäer, die oft in schrecklicher Vergröberung «die Weißen» heißen? Wie beschreiben wir die Wetterscheide, an der Hass jäh in Liebe umschlagen kann und umgekehrt? Da spüren wir, wie dürftig und wie grob im Grunde unser Wortschatz ist und wie wenig geeignet, Nuancen, Schwebezustände, halbe Heimlichkeiten zu benennen. Auch wo wir, wie bei unseren starken Gefühlen, die Worte besitzen, Qual, Wut, Hunger, Gier – da sollten wir nach Mitteln suchen, die nackten Begriffe mit Farbe zu versehen.

Ein schöner Behelf für beide Fälle, den Duft und den Hass, ist der Vergleich, in der Stilistik *Gleichnis* genannt und von der *Metapher* unterschieden: Während die Metapher, wörtlich «Übertragung», dem Leser eine Übersetzungsarbeit abverlangt («ein Wüstenschiff» – aha, er meint ein Kamel), nennt das Gleichnis beides, die Sache selbst und das, womit sie verglichen werden soll: «Klug wie die Schlangen und ohne Falsch wie die Tauben», predigte Jesus, sollten wir sein.

Solche Doppelung hat mehrere Vorzüge. Sie setzt sich nicht der Gefahr aus, missverstanden zu werden oder unverstanden zu bleiben – wie «der Ballhausplatz» als Standardmetapher in Berichten über die österreichische Regierung oder die durch die Presse geisternden «Computerviren», bei denen der Laie nicht erfährt, ob sie eine Metapher für mutwillige Störungen sind oder ob da wirklich ein Virus sein Unwesen treibt; Bakterien, die Schallplatten fressen, gibt es schließlich. Der Vergleich vermindert ferner das Risiko unfreiwilliger Komik, von der schon die Rede war («Auch Eisberge kochen nur mit Wasser»); und mehr noch als die Metapher ist er geeignet, Kompliziertes verständlich, Abstraktes anschaulich zu machen.

«Die vielbeschworene Überalterung entsteht ja nicht dadurch, dass Alte vom Himmel fallen», schrieb die «Neue Zürcher Zeitung», «sondern dadurch, dass Kohorten des gleichen Geburtsjahrganges langsam die Alterspyramide hinaufturnen.» So entsteht ein Bild – also das Beste, was Sprache erreichen kann; und dass die Pyramide zu den eher abgegriffenen Vergleichen gehört, wird durch das langsame Turnen in Frische zurückverwandelt. Nietzsche lobte das Unangestrengte in der Kunst und schloss mit den Worten: «Alle guten Dinge haben etwas Lässiges und liegen wie Kühe auf der Wiese.» Über eine Aufführung von Beethovens Fünfter unter Carlos Kleiber jubilierte das Nachrichtenmagazin «Time», es sei, «als kehrte Homer zurück, um seine Ilias vorzutragen». Und Arno Schmidt fand für den Heldenwahn von Hitlerjungen Anfang 1945 den atemraubenden Vergleich: «Ihre Augen leuchteten wie die Scheiben brennender Irrenhäuser.»

Wenn sich Bildhaftigkeit mit dem richtigen Quantum Ironie verbindet, entsteht Vergnügen. Das Jodeln definierte der Kabarettist Dieter Hildebrandt als «den Information Highway oberhalb der Baumgrenze». An einer Kosakenfrau beobachtete Isaak Babel: «Ihre Brüste bewegten sich wie Ferkel im Sack.» Über das mehr als hundert Jahre lang immer weiter in die Länge gebaute und von einem Schornstein überragte Kulm-Hotel in St. Moritz konnte man lesen, es sehe aus «wie der Panzerkreuzer Potemkin im Trockendock». Der Berliner Theaterkritiker Alfred Kerr spottete über seine Kollegen: «Die Arroganz gehört zum Journalisten wie der Plattfuß zum Oberkellner.»

Da zeigt sich, wie sehr die Bosheit die Phantasie beflügeln kann. Der Wiener Feuilletonist Anton Kuh schrieb über einen ungarischen Gentleman: «Er sieht aus wie eine Kreuzung aus dem Polizeipräsidenten von Budapest mit einem, den er sucht.» Heine ohrfeigte einen geschwätzigen Handlungsreisenden, der sich im Harz zu ihm an den Tisch drängte, mit den Worten: «Er sah aus wie ein Affe, der eine rote Jacke angezogen hat und nun zu sich selber sagt: Kleider machen Leute.»

Dass Dichter einander selten loben, schlägt sich auch in der Tücke der Vergleiche nieder. George Orwell sagte über James Joyce, sein Eifer im Erfinden neuer Wörter sei so absurd, als wenn einer allein Fußball spielen wollte. Robert Musil fand für eine Gedenkrede Thomas Manns auf Grillparzer das böse Gleichnis: «Der Herr Kollege hat eigentlich nur einige ausgekämmte Haare seiner schönen Prosa auf dem Grab Grillparzers niedergelegt.»

Man kann nicht einmal ausschließen, dass es ein ebenso witziger wie perfider Vergleich war, der 1972 dazu beitrug, dass der CDU-Kandidat Rainer Barzel die Bundestagswahl gegen Willy Brandt verlor. Walter Scheel, der damalige FDP-Vorsitzende und mit Brandt in der sozialliberalen Koalition verbunden, brachte über Barzel den Spruch in Umlauf: «Das wäre die schlechteste Regierung, seit Caligula sein Pferd zum Konsul machte.»

Da ging es nicht mehr um Abstufung und Anschaulichkeit, sondern um den Versuch der politischen Vernichtung. Er ist eben zugleich eine Waffe, der Vergleich – von dem arabischen Dichter Ibn al-Haggag im Gleichnis besungen: «Wenn ich schweige, bin ich ein Basar von Wohlgerüchen; aber wenn ich singe, dann dampfen die Kloaken.»

51

Wie man Talente wässert

Mal ehrlich – lesen Sie die nachfolgenden Wörter auf Anhieb richtig: Halbeskimo, Popikone, Cashewäpfel? Oder hätte es Ihnen geholfen, eine Verständigungshilfe zu bekommen durch jenen kleinen Strich, der Bindestrich heißt, faktisch aber ein Trennungsstrich innerhalb sonst unübersichtlicher Wortgebilde ist: Halb-Eskimo also; und vom Cashewbaum nicht die Nüsse, sondern die Äpfel, die die Nüsse tragen, Cashew-Äpfel; und nicht ein «Popi» irgendwie, sondern eine Pop-Ikone?

Wer für Leser schreiben will, sollte demnach nichts für nebensächlich halten. Ein ähnlich kleiner Strich kann ja den Sinn einer Aussage ins Gegenteil verkehren, das Komma nämlich, nach dem alten Beispiel: Der gute Mann denkt an sich, selbst zuletzt. Mit dem Bindestrich aber werden zwei Arten von Unfug getrieben.

Die eine besteht in einem klaren Verstoß gegen die Grammatik, mit den Buch Verlagen als Vorreitern: *Insel Verlag* nennen sie sich beispielsweise, obwohl es nur Inselverlag oder Insel-Verlag heißen darf. Was dort eine Verleger Marotte ist, hat sich im Wege der allgemeinen Verlotterung der Sprach Sitten ziellos über deutschsprachige Texte ausgebreitet; ziemlich rar geworden ist die Fähigkeit, zu unterscheiden zwischen *Zwei-Kilo-Tüten* (d. h. Tüten, in die zwei Kilo passen), zwei *Kilo-Tüten* (d. h. zwei Tüten, in die je ein Kilo passt) und *zwei Kilo Tüten* (d. h. Tüten von nicht genannter Größe, die zusammen zwei Kilo wiegen).

Auch schlichtere Probleme werden nur noch von wenigen Zeitgenossen gelöst: Gottfried Keller-Platz? Nein: Dann würde es sich um einen Menschen mit dem Doppelnamen Keller-Platz handeln, der mit Vornamen Gottfried hieße; zwei Bindestriche also ohne Wenn und Aber. Und auch zu der Schreibweise «Sein Markenzeichen war das Den-Tag-stets-missgelaunt-Beginnen» gibt es keine Alternative.

Das schmeckt nun derart nach grammatischer Finesse, dass es schwer sein wird, junge Leute noch dafür zu gewinnen. Zwar ist daran nichts komplizierter als die Regeln halbwegs anspruchsvoller Kartenspiele; doch Spielregeln auch in der Sprache einzuhalten gilt nicht mehr als chic. Da trifft es sich gut, dass es überhaupt keine Kenntnisse der Grammatik voraussetzt, den anderen Unfug auszumerzen, der mit dem Bindestrich getrieben wird – sondern nur ein bescheidenes Maß an gesundem Menschenverstand.

Es ist der Unfug der endlosen und oft missverständlichen Silbenreihung ohne die Orientierungsmarke eines Strichs dazwischen; Halbeskimo also, siehe oben; oder Südseeland, ohne den klärenden Hinweis, ob es sich um ein Land in der Südsee handelt (Südsee-Land) oder um Süd-Seeland, den Süden der dänischen Insel. Muss man gar in einer technischen Vorschrift Wasserschadstoffhavariebekämpfungspunkt lesen oder in einem zoologischen Lexikon Wanderringelschwanz-kletterbeutler, so hätte der Schreiber wissen müssen: Für Leser deutscher Muttersprache ist das eine Zumutung und für Ausländer ein Gegenstand von Panik.

Mit einem kurzen Stutzen und einem bisschen Rücksichtnahme auf alle, die das lesen sollen, wäre es so leicht zu ändern, noch dazu mit Dudens Segen: ein Bindestrich an einer vernünftigen Stelle, zum Beispiel vor der Havarie und vor dem Kletterbeutler. Doch auch viel kürzere Zusammensetzungen schreien nach dem Strich, wenn sie ungewohnt sind und zumal, wenn das zweite Wort mit einem Vokal beginnt, der das Weiterlesen nahelegt (Marserkundung, Sendeidee).

Der Gipfel der Verwirrung ist erreicht, wenn der Zufall der Silbentrennung am Zeilenschluss dort einrastet, wo eben keine Zäsur stattfinden sollte. Muslimen-klave, Putzuten-sil, Prominentenen-zyklopädie; oder, noch schlimmer, wenn durch denselben Zufall am Zeilenende ein Wort zu entstehen scheint, das den Sinn verdreht: Walzer-zeugnisse, Schreiber-ziehung, Talent-wässerung. Da hilft nur der Bindestrich am richtigen Ort: Tal-Entwässerung, nichts sonst.

Die Silbentrennung ihrerseits, bisher streng und altväterlich geregelt, wird seit der Rechtschreibreform weithin ins Belieben des Schreibers gestellt. Das fördert zwar einerseits die Mode, das Gefühl an die Stelle der Grammatik zu setzen, schneidet aber andrerseits ein paar sehr alte Zöpfe ab. Wir müssen nicht mehr dar-in schreiben wie früher, des Wortstamms wegen, sondern dürfen uns ebenso für da-rin entscheiden, so also, wie wir's sprechen. Auto-chthon mussten wir trennen, des Altgriechischen mächtig, wie wir sind, und verzückt auf das Schriftbild der letzten Silbe starrend: und Blumen-au bei der deutschen Siedlung in Brasilien, nie gesprochen, aber die Au konservierend, auf der die Blumen stehen, wie schön.

Eine falsche Silbentrennung hat sich schon im 19. Jahrhundert in unseren Wörterbüchern etabliert: *Echsen* sagen wir für die Unterordnung der Kriechtiere, zu der Eidechsen, Warane, Leguane gehören. Der Oberbegriff ist indessen nicht von einer Eid-Echse abgeleitet, sondern von der Ei-Dechse – naheliegenderweise, da sie sich durch Eier fortpflanzt und nicht durch Schwüre; Dechsen also müssten wir sagen. Und da sage noch einer, der Trenn oder Binde Strich sei eine Neben Sache.

52

Vom Eindampfen und Überfließen

Kürze soll eine Tugend sein!», ließ Theodor Fontane 1899 (im «Stechlin») den alten Dubslav seufzen, der die neumodischen Telegramme nicht mochte. «Sich kurz fassen, heißt meistens auch, sich grob fassen. Jede Spur von Verbindlichkeit fällt fort ... Jeder, der wieder eine neue Fünf-Pfennig-Ersparnis herausdoktert, ist ein Genie.»

Oft, in der Tat, ist das Kurze zugleich das Schroffe, auch im Befehl. Aber Kürze kann durchaus höflich sein: indem sie uns nicht ermüdet wie die Geschwätzigkeit. Und Kürze kann das Abzeichen von Sprachkunstwerken höchsten Ranges sein: in der Bibel, in der Lyrik. Welche Länge also sollte etwas Geschriebenes idealerweise haben im Verhältnis zu der Substanz, die es mitzuteilen wünscht?

Das Stichwort für die Grenze zwischen kurz und lang heißt *Redundanz*. In allen romanischen Sprachen und im Englischen bezeichnet sie den Überfluss, in der Stilistik die Weitschweifigkeit, in der Informationstheorie alles schmückende Beiwerk über den nackten Informationsgehalt hinaus. Doch gänzlich frei von Redundanz sind nur Telegramme und Telefonbücher – was erhellt, warum der aufs äußerste eingedampfte Text keine gefällige oder auch nur zumutbare Lektüre ergibt. Redundanz ist also nicht überflüssig, das Fachwort unnütz und verwirrend, wenn es nicht mit erläuterndem Beiwerk versehen wird. Die Grenze verläuft nicht zwischen Redundanz und Kürze, sondern zwischen solchen Ausschmückungen und Beispielen, die erstrebenswert, und solchen, die entbehrlich sind.

Freilich, was heißt «entbehrlich»! Aus wenig mehr als Nichts eine Festansprache zu zimmern, ist für manche Anlässe zwingend. Das affirmative Geschwätz, das Bekräftigen des allen längst Bekannten – nach dem Muster «Mein Gott, diese Hitze!» – hat den Nutzen, uns durch die gestöhnten Worte eine Entlastung zu verschaffen. Und selbst der Sprecher oder Schreiber, der uns mit seinem Wortschwall auf die Nerven geht, macht offenbar wenigstens sich selbst ein Vergnügen, denn sonst schwiege er.

Die Frage der Entbehrlichkeit bedarf also anderer Maßstäbe. Sie sind verschieden, je nachdem, ob wir Literatur bewerten und junge Menschen für Saft und Kraft der Sprache empfänglich machen – oder ob wir wirken und belehren wollen.

Belehren, Wissen vermitteln, mit Neuartigem vertraut machen, ob in der Schule oder in der Gebrauchsanweisung: Das gelingt nur mit reichlich Redundanz, mit Beispielen und mit zweiten Anläufen nach dem Muster «Das bedeutet also …». Sparsamkeit mit Worten, dem Grundsatz nach eine goldene Stilregel, sollte man durch einen kontrollierten Überfluss ersetzen, wann immer eine Mitteilung reich an Fakten, kompliziert, unerwartet, gegen die Lebenserfahrung der Leser oder Zuhörer ist.

Wirken, das Verhalten der Mitmenschen durch Worte beeinflussen: Das gelingt nur durch Häufung und durch Wiederholung. Wir kennen es aus den Werbespots, alle Demagogen haben es betrieben, viermal lässt Shakespeare den Antonius sagen «Und Brutus ist ein ehrenwerter Mann» (bis auch der Letzte ihn für einen Schurken hält); und in der Bibel, meist durch gedrängte Sprache ausgezeichnet, häuft Moses 53 Verse lang die Schreckensbilder, mit denen er sein Volk zwingen will, dem Herrn zu gehorchen – denn sonst werde er

Israel die Pestilenz anhängen, es mit Feigwarzen, Grind und Krätze schlagen, mit Wahnsinn, Blindheit und allen Seuchen Ägyptens, und ein Scheusal werde es unter den Völkern sein (5. Mose 28).

Nur: Dieser Katarakt von Verwünschungen enthält nicht ein leeres und blasses Wort – kein «Sowohl als auch», kein «Wenn wir nun unsere Aufmerksamkeit auf die Krätze richten» oder «Ich möchte euch für die möglichen Folgen solchen Verhaltens beizeiten sensibilisieren». Und genau da verläuft die Grenze: nicht zwischen Länge und Kürze, nicht zwischen Entbehrlichkeit und Notwendigkeit, sondern zwischen Leere und Fülle. Jedes Wort muss Kraft haben und Sinn tragen; dann genügt es – in möglicher Kürze – den Maßstäben der Literatur; dann kann es – in passender Länge – wirken und belehren; dann erspart es uns das Gähnen und den Überdruss.

«Nackte wie bemooste Felsen mit Schnee bedeckt, ruckweiser Sturmwind, Wolken heran- und vorbeiführend, Geräusch der Wasserfälle, das Klingeln der Saumrosse in der höchsten Öde»: So hat Goethe 1775 das letzte Stück Wegs zum Gotthard beschrieben. Drei Auskünfte über die Felsen, zwei über die Wolken, zwei über die Geräusche und eine über den Wind: Das ist mehr, als die Wissenschaft als redundanzfreie Information durchgehen ließe, und auch die Öde am Schluss ist noch entbehrlich – denn wer hätte nicht längst geahnt, dass er sich in ihr befindet? Doch die Wörter sind prall, sparsam gesetzt, wiederum nicht geizig und schon gar nicht auf den Telefonbuchstil zurückgeschnitten – ja, so schreibt man.

Wie man selbst das Telegramm noch auf null verkürzen könnte, hat einst der Levi demonstriert. Als nämlich der Cohn, sein Schwiegersohn, ihm telegraphiert «Rebecca glücklich entbunden Sohn», setzt er sich zornig hin und schreibt: «Rebecca? Kann ich mir denken, wo se is meine einzige Tochter. Glücklich? Klar, wenn se hat einen Sohn. Entbunden? Auch klar, woher sonst soll se haben den Sohn! Und Sohn? Wieder klar! Wärste auf de Post gerannt für eine Tochter? Also, schmeiß nicht immer Geld weg für zu lange Telegramme!»

53

Drei Wüte über zahllose Aktivitäten

So, wie ein einziges Furunkel dem kundigen Arzt den Zustand des ganzen Körpers, der es hat, entschlüsselt – so gibt es Modewörter, die grell und giftig den Zustand der Sprache beleuchten, die wir sprechen und schreiben.

Modewörter, selbst wenn sie einmal gut waren, haben immer drei Nachteile. In ihrer unerbittlichen Häufung gehen sie, zum Ersten, sprachempfindlichen Gemütern auf die Nerven (wer tausendmal statt «ja» *genau* vernommen hat, wäre für ein schlichtes Ja recht dankbar). Zum Zweiten veröden sie eine ganze Sprachlandschaft um sich herum, sie drängen Dutzende schöner Wörter und feiner Unterscheidungen in die Vergessenheit.

Wo man heute beispielsweise «Aktivitäten» liest, las man früher von Taten, Handlungen, Aktionen, Wirken, Arbeit, Aufgabe, Rührigkeit, Engagement, Pflicht oder Leistung. Aus dem Amerika-Geschäft einer Firma sind längst ihre US-Aktivitäten geworden, und ein Manager, der früher einfach keine Zeit hatte, zieht es heute vor zu sagen, dass seine Aktivitäten ihm keinen Spielraum ließen.

Zum Dritten schließlich macht ein typisches Modewort sich gern auch dort breit, wo man früher geschwiegen hätte und noch heute schweigen sollte.

Wenn ein Unternehmen seine Marketing-Aktivitäten rühmt, dann tut es so, als ob «Marketing» *keine* Tätigkeit wäre; es ist aber in sich schon die Summe aller Aktionen, die ein Produkt in den Markt drücken. Noch aktiver als durch

Marketing kann man überhaupt nicht sein. Die regierenden Modewörter unterwerfen ihre trendbewussten Benutzer eben der Zwangsvorstellung, dass man sie oft genug in alle Texte einstreuen müsse, ob sie passen oder nicht. Wer eine Seite ohne «Aktivitäten» abliefert, scheint zu fürchten, man könnte ihn für faul oder gar für altmodisch halten.

So lauten die drei Einwände gegen Modewörter, die einmal gut waren. Viel ärgerlicher sind natürlich solche, die schlecht oder falsch sind vom ersten Tag an. Die Amerikaner lieben also die *activities*. Gutes Englisch sind sie nicht, weder Shakespeare noch Hemingway haben sie verwendet; doch praktisch sind sie: *social activities,* das klingt anspruchsvoll, ohne den Sprecher festzulegen auf eine bestimmte soziale Tat – wohlfeiles Geschwätz also.

Dieselbe Eigenschaft hat das Wort im Deutschen beliebt gemacht; bei uns hat es noch einen Vorzug mehr: Es ist ein Import aus Amerika. Leider haben wir dabei die *activities* nicht übersetzt, wie es sich gehören würde, also sie dem Deutschen anverwandelt – sondern sklavisch nachgeahmt haben wir sie, auf einem Niveau, als ob wir das *oval office* im Weißen Haus als Ovaloffizium wiedergeben würden oder die *outdoor activities* nicht als Spiel und Sport im Freien, sondern als Außentüraktivitäten.

Auf Deutsch ist es nämlich schlicht falsch, von Aktivität einen Plural zu bilden. Auch Passivitäten kennen wir ja nicht, so wenig wie Fleiße oder Zörne. Die Aktivität ist erstens die Summe aller Aktionen, zweitens das aktive Verhalten, die Tatkraft, die Geschäftigkeit. «UNO-Aktivität zur Lösung der Kongo-Krise», das wäre eine saubere Überschrift gewesen; manche Zeitungen zogen es indessen vor, von UNO-Aktivitäten zu berichten.

Warum dieser Plural, der logisch falsch und sprachlich töricht ist? Er macht den dritten Reiz des Modewortes aus, neben dem Unpräzisen und dem Amerikanischen: Plural ist akademische Mode, vermutlich weil er zum einen die Silbenzahl vermehrt und zum andern den Eindruck einer abdeckenden Ausdrucksweise vermittelt, eines sprachlichen Zugriffs auch auf die letzte Einzelheit. Niemand möchte mehr ein bloßes Problem haben, wenn er sich mit Problemkreisen oder Problematiken schmücken kann, gegen die sich Problemlösungsaktivitäten ins Feld führen lassen.

Längst greift der Missbrauch auf andere Wörter über, die den Plural nicht zulassen: Man liest von Sensibilitäten, Funktionalitäten und Symptomatiken (obwohl doch die Symptomatik eben die Summe aller Symptome ist), und ein zeitgemäßes soziologisches Werk heißt tatsächlich «Entwicklungsstrukturen von Verhaltensstandarden».

So spricht für die Aktivitäten: Sie sind unpräzise, also praktisch; zugleich klingen sie gründlich, also akademisch; sie sind amerikanisch, also chic; sie haben unnötig viele Silben, und Geschwätzigkeit ist ein Volksvergnügen; sie wirken bombastisch, sie sind modern. Dass sie obendrein noch Unfüge sonder Zahlen stiften – wer wollte bei solchen Vorzügen darüber seine Spötte ausgießen?

Wer «Aktivitäten» verwendet, teilt seinen Lesern oder Hörern nur leider mit, dass er es mit der Zeitmode hält, sich beim Sprechen selbst nicht mehr zuzuhören; denn sonst verböge sich ihm das Trommelfell. Wer sich aber selbst nicht zuhören möchte – wie kann der fordern, dass andere ihm lauschen, falls er Journalist oder Schriftsteller, Lehrer oder Werbetexter ist? Lauschen wir Johann Peter Hebel! Gewiss hätte er gern von «unverhofften Wiedersehensaktivitäten» berichtet. Aber er konnte das Wort nicht kennen. Unsere Mitleide sind mit ihm.

54

Vorsicht mit Horaz

Die alten Sprachen sind wieder im Kommen, die Zahl der Lateinschüler in Deutschland steigt, die Bundestagsfraktion der FDP hat für Latein und Griechisch an deutschen Gymnasien geworben, und der «Spiegel» bot sogar Günther Jauch als Kronzeugen auf. In der Tat, es hat Vorzüge, Latein zu lernen. Aber die werden übertrieben. Und Nachteile hat es auch.

«Wer Latein kann, lernt andere Sprachen leichter», heißt eines der beliebten Argumente. Ja – aber wer Französisch kann, nicht minder: Spanisch oder Italienisch sind mit Französisch nicht weniger als mit Latein verwandt.

«Latein erschließt uns die Antike, die Mutter der europäischen Kultur!» Gewiss – falls man es so beherrscht, dass man seinen Cicero mit Genuss im Original zu lesen vermag. Aber wie viele Schüler schaffen das – ein Prozent? Die riesige Mehrheit würde mit einer deutschen Übersetzung tiefer und vor allem rascher in die Antike eintauchen als auf dem Umweg über lateinische Satzlabyrinthe, behängt von dem unsäglichen Ballast der unregelmäßigen Verben. Es ist eine weltfremde Unterstellung, dass der kürzeste Weg in eine fremde Kultur über die fremde Sprache führe: Hat Marx seinen Einfluss auf Stalin, Mao, Castro etwa in deutscher Sprache ausgeübt?

«Erst mit Hilfe der lateinischen Grammatik gewinnen viele Schüler das richtige Verständnis für die deutsche Sprache.» Richtig – und ein Trauerspiel. Denn demnach wären die

Deutschlehrer außerstande, die deutsche Grammatik mit Hilfe des Deutschen zu lehren?

Dass es bei alldem das Sprachgefühl schult und den Horizont erweitert, Latein zu lernen, bestreitet keiner. Doch genügt es denn, zugunsten eines Lehrstoffs ins Feld zu führen, dass er nützlich sei? Muss er nicht nachweisen, dass er *nützlicher* ist als diejenigen Stoffe, die in derselben Zeit seinetwegen nicht gelehrt werden können? Es ist schwer erträglich, dass das Lateinische sich so gebärdet, als wäre es wichtiger als alle heute gesprochenen Sprachen auf Erden, das Englische ausgenommen.

Noch seltener beredet wird der schlimme Einfluss des lateinischen Vorbilds auf die Lesbarkeit deutscher Texte, zumal wenn sie von Professoren stammen. Die sind offensichtlich beeindruckt von der kunstvollen Verschachtelung des Lateinischen, von dem Stilprinzip der «getrennt herumtaumelnden Worte», das schon Klopstock 1797 verspottete, wahrlich ein gelehrter Mann; zur Abschreckung übersetzte er ein Stück Horaz in der Wortfolge des Originals: «Ihn von der Mauer feindlichen das Weib des kriegenden Fürsten erblickend, und ihre reife Tochter seufze: Weh uns, wenn nur nicht der unerfahrne in Schlachten Bräutigam reizt königliche den wütenden beim Berühren Löwen, welchen der blutige mitten durch fortreißt Grimm das Würgen.»

Und was lässt sich im Deutschen daraus machen? Sätze wie dieser zum Beispiel in «Kindlers Literaturlexikon»: «Die Zusammenziehungen, Verwechslungen und Durchblickstäuschungen, die die Höllenfahrt des Einleitungskapitels als für das mythische Bewusstsein charakteristische Verhaltensweise angesichts eines ‹stilleren, stummeren, gleicheren Zeitgebreites› mit langsamerem Entwicklungsgefälle beschreibt – so hält Joseph in ‹träumerischer Ungenauigkeit› Abraham für seinen

Urgroßvater, ohne zu bemerken, dass eine Zeitspanne von wenigstens zwanzig Generationen ihn von Abraham trennen muss –, lassen …» (und noch 37 Wörter mehr.)

Das ist klassischer Cicero, ins Deutsche transponiert – eine Dreistigkeit gegenüber dem Leser und ein schamloser Rückschritt gegenüber Luther, Heine oder Brecht.

Wer sollte Latein lernen? Ärzte, Theologen, Lateinlehrer. Die Lehrer aber – was lieben sie so am Lateinischen? Nicht zuletzt wohl dies: Da finden keine Einflüsse vom Gesprochenen mehr statt, da sind alle Wörter sauber aufgespießt wie die Käfer in der Käfersammlung – die Sprache ist so herrlich tot!

55

Fiel Spaß im Kaos

Während Anhänger und Gegner der Rechtschreibreform sich immer noch über deren Vorzüge und Nachteile streiten, werden sie längst von einer anderen Entwicklung überrollt: dass rapide die Zahl der Schulabgänger wächst, die nach den neuen Regeln ebenso falsch schreiben wie nach den alten. Der Grad der Abwendung von der Orthographie scheint nach Regionen verschieden: gering in der ehemaligen DDR, denn dort wurden die Schüler noch gedrillt; gering in Bayern und Baden-Württemberg mit ihren deutlich strengeren Schulen; gering offenbar auch in der deutschen Schweiz, gemessen an der schüchternen Rolle, die das Thema in der Presse spielt, während deutsche Zeitungen überquellen von den Klagen der Lehrerverbände und der Arbeitgeber. Schon hört man von Schulabgängern, die ein Wörterbuch nicht benutzen können, weil dies die Kenntnis des Alphabets voraussetzt, ja von Studenten, denen es zu mühsam ist, die alphabetische Ordnung bis in den vierten Buchstaben zu verfolgen, sodass sie hinter der Chancengleichheit die Chaostheorie nicht finden.

«Die Sprachfähigkeiten der Schüler sind keineswegs so schlecht wie ihr Ruf», stellte dagegen eine Forschergruppe der Universität Zürich fest. Sie fand zwar zahlreiche Verstöße gegen die *Norm* (also gegen Rechtschreibung, Zeichensetzung und Grammatik), prüfte jedoch vor allem die sprachliche *Angemessenheit*: die Fähigkeit, sich verständlich und interessant auszudrücken. Der Arbeit am Detail freilich wichen die Schüler oft aus, mit der Begründung, man wisse ja, was gemeint sei.

Na also: Auch in der Schweiz sinkt das Ansehen, das Korrektheit genießt (hier nicht «geniest» zu schreiben bleibt eine der nützlichen Unterscheidungen der Orthographie). Die von der Forschergruppe befragten Lehrer sagten es noch deutlicher: Normen würden immer weniger akzeptiert. Da drängen sich zwei Fragen auf: woran es liegen könnte, dass die Rechtschreibung in Verfall begriffen ist – und ob wir das eigentlich so schlimm finden müssen.

Es liegt vor allem an der veränderten Umwelt der Schüler und an der veränderten Gesinnung der Lehrer. Die Schüler können ja nichts dafür, dass die meisten einen eigenen Fernsehapparat und einen Computer besitzen; dass ihr Taschengeld für viele CDs, DVDs und Videospiele reicht; dass die meisten Eltern ihnen keine Geschichten mehr erzählen und aus keinem Buch mehr vorlesen.

Wie der Rang des geschriebenen Wortes absackt, so hat sich auch das Ansehen jener – einst sogenannten – Tugenden vermindert, die das Erlernen der Norm begünstigten: Fleiß, Disziplin. Viele Kinder finden es normal, während des Unterrichts zu frühstücken oder mit einer verkehrt herum aufgesetzten Baseballmütze Unabhängigkeit zu demonstrieren.

Wollte nun die Lehrerschaft den einst unbezweifelten Normanspruch gegen solche Schüler durchsetzen, so müsste sie willens sein, dies durch mehr Einfallsreichtum zu erlisten oder mit härteren Bandagen zu ertrotzen. Doch dem guten Gewissen der Kinder bei der Lernverweigerung läuft das gute Gewissen vieler Lehrer bei der Lehrverweigerung parallel.

Das begann 1968 mit der schmetternden Fröhlichkeit, mit der die Studenten jeder Autorität den Krieg erklärten. Es setzte sich in Deutschland 1972 fort mit den «Hessischen

Rahmenrichtlinien für das Fach Deutsch», wonach die Hochsprache ein Herrschaftsinstrument der Privilegierten sei, dessen Einübung die meisten Schüler darin hindere, «ihre Interessen zu versprachlichen».

Solcher Unfug wird nicht mehr zitiert, aber von der damaligen Denkweise ist viel geblieben. In Niedersachsen und Nordrhein-Westfalen dürfen höchstens 30 Prozent der Prüfungsarbeiten die beiden schlechtesten von sechs Noten bekommen; es zählt der Klassendurchschnitt, nicht das Lehrziel. Von 2010 an soll «Darstellendes Spiel» beim Abitur als Prüfungsfach zugelassen werden, hat die Kultusministerkonferenz 2006 beschlossen.

Nur was den Schülern Spaß macht, soll man sie ja lehren dürfen. Von «Spaßpädagogik» spricht der Präsident des Deutschen Lehrerverbands: Die Lehrer verstünden sich als bloße «Lernberater», die den Horror der Schüler vor jeder Art von Plage teilten.

Und welche Nachteile hätte es, die Rechtschreibung nur insoweit zu praktizieren, als sie Spaß macht? Erstens: Noch sitzen Leute an den Schalthebeln der Wirtschaft, bei denen der nichts werden kann, der die Norm missachtet. Gut, vielleicht sterben sie aus. Aber zweitens: Lexika und Datenbanken öffnen sich mühelos nur dem, der die Norm beherrscht; wer das Kaos liebt, wird es lange suchen. Drittens: Richtig zu schreiben ist eine Kulturtechnik im Dienst unserer großartigsten Erfindung, der Sprache eben. Wer Eiskunstläufer werden will, muss den Toeloop vom doppelten Rittberger unterscheiden können, und wer sich der Sprache bedient, von dem sollte man ebenfalls erwarten, dass er ihre Regeln beherzigt, statt sie in die Gosse (die Gose, die Goße) zu kehren.

56

Gerechtigkeit für die Lüge!

Auch mit Gesten kann man heucheln, auch mit einem Lächeln kann man lügen, ja Verrat üben mit einem Bruderkuss. Alle Feinheiten der Lüge aber sind erst mit der Sprache in die Welt gekommen. Der Täuschung gibt sie sich mindestens mit derselben Bereitschaft hin wie der Wahrheit; alle Menschen lügen, wie die Bibel wusste: «Gott ist nicht ein Mensch, dass er lüge» (4. Mose 23, 19).

Mehr als andere Menschen lügen Grabredner, Angeklagte und Politiker. Den Rekord stellte der damalige amerikanische Präsident Bill Clinton 1999 in der Affäre Monica Lewinsky auf, falls der Sonderanwalt der Republikaner recht hatte: «Der Präsident hat unter Eid gelogen in einem Zivilprozess und vor einer Grand Jury. Er hat sein Volk belogen, sein Kabinett und sogar den Kongress der Vereinigten Staaten. Es ist niemand mehr übrig, den er noch belügen könnte.»

Da ist nun in Frankreich ein Buch mit dem Titel «Offener Brief an die Bewahrer der Lüge» erschienen («Lettre ouverte aux gardiens du mensonge»), verfasst von dem angesehenen Journalisten Thierry Pfister. Er lädt seine Landsleute ein, die Liebe zur Wahrheit als Preis der Demokratie zu akzeptieren – in völliger Abkehr von der Haltung zumal der französischen Eliten, die er so beschreibt: Sie hätten Clintons Lügen ganz selbstverständlich gefunden und den Abscheu vor ihnen naiv, intolerant und lächerlich. Sie bewunderten die Eleganz, mit der einst François Mitterrand das Volk über sein doppeltes Familienleben belogen habe, und hielten überhaupt den kultivierten Umgang mit der Lüge für den Ausdruck einer überlegenen Zivilisation.

Muss uns das erschrecken? Nicht nur Machiavelli hat die politische Lüge angepriesen: Wahrheitsliebe zu beteuern, das sei gut, schrieb er – doch solle der Fürst sie nicht etwa haben, sondern sich nur den Ruf verschaffen, sie zu besitzen (abgewandelt zu der sprichwörtlichen irischen Kaufmannsregel: «Das Geheimnis des Geschäftserfolgs ist Ehrlichkeit. Wer sie vortäuschen kann, ist ein gemachter Mann»). Abseits von allem Zynismus aber: «Der Politiker ist kein Lyriker», sagt der spanische Philosoph Ortega y Gasset; «Lügen, mindestens innerhalb gewisser Grenzen, ist seine Pflicht.» Die deutsch-amerikanische Philosophin Hannah Arendt ging so weit, im Leugnen von Tatsachen dieselbe Phantasie am Werk zu sehen, wie der Politiker sie brauche, um die Wirklichkeit zu verändern.

Dem Lügengespinst, in dem Bill Clinton sich verfing, kommen solche Einsichten freilich nicht zugute: Er hatte ja nicht zugunsten seines Volkes gelogen, nicht für seine Partei, nicht zur Durchsetzung politischer Ziele, sondern um sich, seine Frau und seine Sexpartnerin zu schützen. Doch eben dabei hatte er das getan, was die meisten von uns mit der Wahrheit tun: Wir frisieren sie, verfälschen sie, vertuschen sie, wann immer sie durchfällt bei unserer Abwägung zwischen zwei Gefahren – der Lüge überführt zu werden oder uns mit der Wahrheit zu schaden.

Würden wir uns nicht wundern über jeden Mann, der, öffentlich befragt, ob er mit Frau X ein sexuelles Abenteuer gehabt habe, ungebremst mit Ja! antwortete? Eine solche Frage ist eine Aufforderung zur Selbstentblößung, der ein durchschnittlicher Mensch nur unter äußerstem Druck oder gar nicht nachkommt; zweimal nicht, wenn er sich in herausgehobener Position befindet; dreimal nicht, wenn er damit seiner Frau eine schlimme Kränkung zufügen müsste. Der bürgerliche Anstand gebot es geradezu, weder die Pflichten gegenüber der eigenen Familie noch die Kavalierspflicht gegenüber der Geliebten durch überschäumende Wahrheitsliebe zu verletzen.

Alle zwischenmenschlichen Beziehungen würden zusammenbrechen, wenn wir uns nicht hundertfältig aufgerufen fühlten, zu beschönigen, zu täuschen. Höflichkeit lässt selten mehr als die halbe Wahrheit zu: Wer einer Gastgeberin seine subjektive Wahrheit über ihr missratenes Menü vorhielte, wäre ein grober Klotz, und wer von der Rede eines goldenen Hochzeiters über das Glück seiner Ehe die Wahrheit erwartete, ein Narr.

Clinton hatte nur einen Fehler begangen und ein schreckliches Pech gehabt. Sein Fehler war, dass er ganz und gar nicht elegant gelogen hatte, wie Mitterrand nach dem Urteil vieler Franzosen, sondern verbissen und mit der peinlichen Wortklauberei, aus der Einseitigkeit der Geschlechtsbeziehung zu folgern, dass eine solche eigentlich nicht vorgelegen habe. Sein Pech war, dass die Anwälte der gegen ihn klagenden Paula Jones die abstruse Macht besaßen, ihm einen Eid aufzunötigen. Erst durch diese Tücke des amerikanischen Rechtssystems wurde aus dem Kavaliersdelikt der Lüge das Staatsverbrechen des Meineids.

Eid! Wer immer ihn leisten soll, der wird einer ungeheuerlichen Zumutung unterworfen. Obwohl doch alle Menschen Lügner sind (siehe auch Psalm 116 und Paulus an die Römer) und obgleich die Sprache von jeher in ungleich höherem Grade als der Wahrheit dem Gebet, der Beschwörung, der Verfluchung diente, dem Befehl, der Täuschung, dem Geschwätz – soll nun ein Mensch ausgerechnet die Wahrheit sagen, auch wenn sie ihn und andere ins Unglück stürzt! Schmuddelsex im Ovalbüro betreiben, das darf man; ihn aber vor den Scheinwerfern der öffentlichen Rede verbergen, das darf man nicht. Erst die Worte konstituieren die Kriminalität. Wer will, darf darin einen frischen Beleg für die immer wieder erstaunliche Macht der Sprache sehen.

57

Stress im Chaos der Begriffe

Dass unser Wortvorrat größtenteils aus der Steinzeit stammt, merkt man ihm schmerzlich an; umso schlimmer, wenn wir auch mit jungen oder frisch in Mode gekommenen Begriffen die Logik oder die Treffsicherheit verfehlen – wie beim Stress und bei der Chaosforschung.

Urzeitliches Erbe ist beispielsweise ein Wort wie *erst*. Es bezeichnet erstens den, der früher drankommt («Erst ich!») – zweitens den, der *später* an der Reihe ist («Dann erst sind Sie dran!»); drittens heißt es *noch mehr* («Fritz ist schon groß – aber erst sein Bruder!»), viertens *ziemlich wenig* («Wir haben erst die Hälfte geschafft»). Zum Verzweifeln – für Ausländer und für jeden, der Eindeutigkeit und Logik liebt und die Sprache gern als Vehikel klarer Verständigung verwendet sähe.

Und wir legen nach. 1960 führte der Titel eines Buches von Hans Selye, dem österreichisch-kanadischen Arzt, das Wort *Stress* in die deutsche Sprache ein – und nun plagt der Stress die Deutschen zu Millionen. Was hätten diese armen Menschen nur ohne Hans Selye auf die Frage des Meinungsforschers geantwortet?

«Stress» heißt im Englischen Anstrengung, Beanspruchung, Druck – es handelt sich also um ein neues Wort für die nicht ganz neue Einsicht, «dass jeder Tag seine eigene Plage hat» (Matthäus 6, 34). Die Mühsal ist, wer hätte das gedacht, am größten bei den mittleren und unteren Beamten und Angestellten, jedenfalls ihrem eigenen Urteil zufolge: Die äußern zu 61 Prozent Angst vor Stress, mehr als Manager und Selbständige. Hätten die Meinungsforscher nun zusätzlich gefragt: «Was heißt eigentlich Stress, und was soll daran so schlimm sein?» – man darf wetten, dass die Antworten eine perfekte Cabaret-Nummer ergeben hätten.

Wie konnte nur ein Wort so beliebt werden, das auf etwas nebulöse Weise etwas Uraltes benennt? Es ist englisch, also für viele Deutschsprachige ein bisschen unklar und folglich jeder individuellen Deutung zugänglich. Auch ist es chic, weil es englisch ist und modern dazu, das schützt den Benutzer vor heiklen Fragen. Es ist kurz, viel kürzer als Strapaze oder Anstrengung, zum Schlagwort geeignet wie *Frust*. Und es bündelt alles, was einer Freizeitgesellschaft auf die Nerven geht: Zwar plagen wir uns nicht halb so viel wie unsere Väter, doch wir nehmen uns die Freiheit, über die restliche Mühsal doppelt so laut zu maulen.

Vernunft ist in dem Modewort am ehesten zu finden, wenn man es, wie manche Psychologen, nicht als Strapaze deutet, sondern als Anstrengung ohne Erfolg. Unter Stress stünde danach nicht der, der sich plagt, um den Gipfel des Matterhorns zu erreichen – sondern der andere, der trotz heftigen Begehrens unter dem Gipfel aufgeben muss. Misserfolg, Demütigung, Angst blieben dann als die eigentlichen Stressfaktoren übrig. Da wir aber all diese Wörter *haben* und da auch die größte Plage völlig stressfrei erlebt werden kann, wenn sie zum Erfolg führt – wie wäre es, wenn wir den «Stress» begrüben?

Dieselbe Empfehlung gilt der modischen *Chaostheorie*. Aus den wissenschaftlichen Publikationen springt sie seit etwa zwei Jahrzehnten auch einem breiteren Publikum entgegen, zumal mit dem Standardbeispiel vom Schmetterling: Eine Ursache so winzig wie sein Flügelschlag kann in letzter Konsequenz darüber entscheiden, ob sich ein Orkantief gerade bildet oder gerade nicht und welche Richtung es einschlägt.

Nun bedeutet «Chaos» die Auflösung aller Ordnung, das totale Durcheinander. Von dem aber reden die «Chaosforscher» keineswegs. Sie sprechen *nicht* von Zufall, *nicht* davon, dass der Schmetterling den Zusammenhang von Ursache und Wirkung zerbrochen hätte – sondern von Ursachen, die so winzig sind, dass sie sich der Berechnung entziehen. Wir wüssten so gern, sagen zum Beispiel die Meteorologen, ob wir einen Wirbelsturm vorhersagen sollen oder nicht; aber alle Schmetterlinge dieser Welt haben sich gegen uns verschworen, zu gering ist die Luftbewegung unter ihren Flügeln, als dass wir sie messen und in den Computer füttern könnten. Und wie *nennen* wir unseren Ärger über die Begrenztheit unserer Instrumente, über den leidigen Umstand, dass der Kosmos sich nicht lückenlos erfassen lässt? «Chaos» nennen wir ihn.

Ob dies eine gewollte Irreführung war oder die landesübliche Gleichgültigkeit gegen eine saubere Sprache – jedenfalls herrscht in ihr nun ein bisschen Chaos mehr. In Wahrheit geht es um das uralte *Problem des Minimums.* Manche Scholastiker bewegte die Frage, wie spitz eine Nadel sein dürfe, damit ein Engel noch auf ihr sitzen kann. In der Geometrie ist der *Punkt* das, was keine Ausdehnung hat; wo also finde ich die Stelle, an der die Tangente den Kreis berührt? André Gide grübelt in den «Falschmünzern»: Wenn ein Arbeiter von einem relativ schwachen Stromschlag getötet wurde, weil sein Körper in Schweiß gebadet war – wie viel Tropfen Schweiß muss man wegdenken, damit der Tod gerade nicht mehr eingetreten wäre?

Ein bisschen Grübeln vor dem Benennen kann niemals schaden; nach dem Motto: Erst denken, dann erst publizieren ist zwar *stressig*, aber es hilft Chaos vermeiden.

58

Verwirrung und Verhöhnung

L ängst ist die fünfte Landessprache der Schweiz eigentlich
die dritte: Denn wie könnten sich Italienisch und Räto-
romanisch in Geltung und Verbreitung mit dem Englischen
messen? Die Swiss (englisch genug) lobt sich in deutschsprachigen Zeitungen als *the refreshing airline*, der Pharma-
riese Novartis verspricht *new skills in the science of life*, und
Schweizer Uhren sind *instruments for professionals* oder *archi-
tects of time*. Arm in Arm mit den Deutschen haben sich die
Schweizer dem Ansturm aus New York, Hollywood und dem
Silicon Valley geöffnet.

Aber ist das Englische nicht von unerreichter Griffigkeit?
Oft ja: Test, Job, Team, Chip, das sind vorzügliche Importe.
Oft nein: Der Airbag ist nicht kürzer, nur schlaffer, als es der
Prallsack wäre; der Computer ist sogar eine Silbe länger als
der Rechner, das Showbusiness als das Schaugeschäft; und
zwei zusätzliche Silben muten wir uns zu, wenn wir uns von
Microsoft einen *solution provider* andrehen lassen, der nichts
als ein Lösungsfinder ist.

Aber können wir das Englische überhaupt entbehren,
da doch der Fortschritt der Technik zumeist aus Amerika
kommt? Doppelt falsch. Denn erstens haben zwei Drittel
unserer Amerikanismen mit Fortschritt nichts zu tun: Ein
T-Shirt trug der Verfasser schon vor sechzig Jahren unter dem
Namen «Unterhemd», die Aftershave-Lotion ist seit hundert
Jahren als Rasierwasser (eine Silbe kürzer) auf dem Markt,
und das Snowboard ist ein Monoski, der sich in vielen Stufen

aus den Holzlatten der norwegischen Landbriefträger entwickelt hat, mit denen alles anfing. Doch wie fährt man auf dem Brett? Freeride, Freestyle, Carve und Race, mit Boarder Cross, Power Wing, No-Grab Maneuvres, Sidecut, Tail und Goofy. Mit Hightech hat das wenig zu tun, alles aber mit der Verliebtheit in exotische Rülpser, wenn sie nur aus Colorado oder Kalifornien kommen.

Dass der technische Fortschritt das Englische unentbehrlich mache, ist zweitens deshalb falsch, weil das Übersetzen schon immer schwierig gewesen ist. Luther hat sich auf der Wartburg nicht weniger geplagt, als sich ein paar Computerspezialisten plagen müssten, wenn sie ihren Zunftjargon ins Deutsche transportieren wollten. Er hat sich nur geweigert, fremde Brocken in die Bibel aufzunehmen, weil sie «nicht übersetzbar» seien. Und oft wäre das Verwandeln so einfach! Das *World Wide Web* ist ein Weltnetz und nichts sonst – eine Silbe kürzer bei einem bloßen Drittel des Artikulationsaufwands: Denn das dreifache Dabbeljuh kommt von deutschen Lippen etwa so leicht wie von englischen der Schnellzugzuschlag. Und wo läge das Problem, aus der E-Mail die E-Post zu machen? Bei der *mouse* ist es uns ja auch gelungen: Maus schreiben wir, ein Geniestreich der Übersetzungskunst.

Wir könnten also, wenn wir wollten. Aber wir wollen nicht. Wir wollen nicht, weil es so wahnsinnig chic ist, sich englisch auszudrücken. Weil amerikanische Filme, Serien, Popstars und Produkte sich mit milliardenschwerer Werbung des Englischen als Treibsatz für die Invasion Europas bedienen. Weil die einheimischen Hersteller langbewährter Unterhosen hoffen, sie besser zu verkaufen, wenn sie sie als *lifestyle underwear* anpreisen. Und nicht zuletzt, weil uns das ungebrochene Verhältnis zu unserer Sprache fehlt, wie Spanier, Italiener, Franzosen es besitzen.

Vielleicht, dass dabei in der Schweiz die halbbewusste Genugtuung mitschwingt, sich immer deutlicher von der Sprache des ungeliebten Nachbarn im Norden abzukoppeln – während deutsche Intellektuelle die Chance wittern, den Zweiten Weltkrieg Tag für Tag sprachlich aufs Neue zu verlieren. Hatte nicht Günter Grass gepredigt, Auschwitz müsste den Deutschen die Wiedervereinigung verbieten? Was also sollen wir noch mit jener Sprache, in der auch Hitler seine Reden hielt? Da hat sich eine Marktlücke aufgetan, und die Amerikaner nutzen sie brutal.

Dass bei alldem eine große Kultursprache vor die Hunde geht, muss ja nicht jeden aufregen. Nachdenken aber sollten wir darüber, was die Anglomanie noch bedeutet: Verwirrung der Kinder und Verhöhnung der Alten.

Die Kinder – dem Computer, dem Fernsehen, der Popmusik besonders ergeben – werden durch den deutsch-englischen Mischmasch mehr und mehr daran gehindert, ein Gefühl für die Strukturen ihrer Muttersprache zu gewinnen. Zweisprachigkeit wie im Elsass oder am «Röstigraben» ist nicht das Problem: Da wird ja unterschieden zwischen Vater und Mutter oder Heim und Schule oder der jeweiligen Gelegenheit. Welches Sprachgefühl aber soll ein Kind entwickeln, wenn es «die Switching-Funktion mit einer kompatiblen Virtual Machine kompiliert»?

Die ältere Hälfte unserer Mitbürger kann überwiegend gar nicht Englisch (das *patchwork* halten viele für eine Fliegenklatsche, wie eine «Spiegel»-Umfrage ergeben hat). Von der öffentlichen Kommunikation werden die Älteren also hochmütig ausgeschlossen. Sie finden sich in einer fremden Welt.

59

Feuer frei für Friedrich Schiller!

Schiller also. Hier: seine historischen Schriften. Gibt es denn einen Anlass, über Schiller zu schreiben, und noch dazu über seine Prosa? Nicht den geringsten. Es gibt nur etwas weit über jeden aktuellen Anlass hinaus: nämlich einen immerwährenden und ganz vortrefflichen Grund. Und der wäre? Dass Schillers «Geschichte des Abfalls der Niederlande» und seine «Geschichte des Dreißigjährigen Krieges» zwei geistreiche Meisterwerke der Sprache sind, farbiges, feuriges, federndes Deutsch – in erfrischendem Gegensatz zu allen heute grassierenden akademischen Moden und in himmelweitem Abstand zu den meisten Neuerscheinungen, deren Besprechungen die Literaturbeilagen unserer großen Zeitungen füllen.

> «Indem Wallenstein von Eger aus die Unterhandlungen mit dem Feinde lebhaft betrieb, die Sterne befragte und frischen Hoffnungen Raum gab, wurde beinahe unter seinen Augen der Dolch geschliffen, der seinem Leben ein Ende machte.»

In der Buchkritik hat sich ja fast durchweg eine merkwürdige Sitte etabliert: Damit uns Zeitungslesern ein Buch empfohlen werden kann, muss es entweder gerade erschienen sein oder neu übersetzt worden sein oder aber von einem Autor stammen, der sich für ein Kalenderjubiläum anbietet. Wenn sie nicht eines dieser drei Kriterien erfüllen, haben auch die herrlichsten Bücher der Weltliteratur bei den Feuilletonredakteuren keine Chance; höchstens, dass man gelegentlich auf eine Reihe wie «Meine Lieblingsbücher» (von einem Prominenten) oder «Die 100 großen Romane», also wiederum auf Anlass oder Vorwand, stößt.

«Der Kaiser weihte dem Schicksal Wallensteins eine Träne und ließ für den Ermordeten zu Wien dreitausend Seelenmessen lesen; zugleich aber vergaß er nicht, die Mörder mit goldenen Gnadenketten, Dignitäten und Rittergütern zu belohnen.»

Ist eigentlich den Interessen von Lesern, von Bücherfreunden damit gedient, dass ihnen fast nichts empfohlen wird als das, was Verlage als Neuerscheinung auf den Markt geworfen haben oder was den Aberglauben an die Macht der runden Zahl befriedigt? Steht die Weltliteratur nicht als ein riesiges Labyrinth vor uns, in dessen Angesicht wir für jeden Wegweiser dankbar wären? Ist es für ein großes Leseerlebnis nicht völlig egal, ob der Text im vorigen Herbst entstanden ist oder im vorigen Jahrhundert? Auf jede Neuerscheinung treffen mit einiger Wahrscheinlichkeit hundert ältere Bücher, die besser, aufregender, großartiger sind als die frische Ware, und man sollte sich einen Literaturteil wünschen dürfen, der den Neulingen wenn schon nicht ein bloßes Hundertstel, so doch im Regelfall nicht mehr als die Hälfte des Platzes reserviert.

«So fiel Wallenstein, nicht weil er Rebell war, sondern er rebellierte, weil er fiel. Ein Unglück für den Lebenden, dass er eine siegende Partei sich zum Feinde gemacht hatte – ein Unglück für den Toten, dass ihn dieser Feind überlebte und seine Geschichte schrieb.»

Mit den beiden Werken wollte Schiller nach seinen Worten demonstrieren, «dass eine Geschichte historisch treu geschrieben sein kann, ohne darum eine Geduldsprobe für den Leser zu sein». Wahrlich, sie ist es nicht. Die Sprache knistert unter ständiger Hochspannung, mit großem Atem fliegt sie von der Schilderung zur Analyse und zurück, und selbst Sätze, die eine halbe Seite bedecken, vermindern das Tempo nicht, denn sie schwirren wie Pfeile von der Sehne. Über die Bilderstürmer in den Niederlanden lesen wir:

> «Eine rasende Rotte von Handwerkern, Schiffern und Bauern, mit öffentlichen Dirnen, Bettlern und Raubgesindel untermischt, mit Keulen, Äxten, Hämmern, Leitern und Strängen versehen, werfen sich, von fanatischer Wut begeistert, in die Flecken und Dörfer bei St. Omer, sprengen die Pforten der Kirchen und der Klöster, stürzen die Altäre, zerbrechen die Bilder der Heiligen und treten sie mit Füßen.»

Redensarten stellt Schiller vom Kopf auf die Füße: «Endlich fand ihn der Tod, den er suchte» (über den kaiserlichen Marschall Tilly). Widersprüche spitzt er zur Antithese zu: Der schwedische Kanzler Oxenstierna «begriff die Inkonsequenz der meisten Menschen nicht, den Zweck zu begehren und die Mittel zu hassen». Aller Widerstreit in Wallensteins letzter Lebensphase «floss aus dem doppelten und ganz unvereinbaren Entwurf, den Kaiser und die Schweden zugleich zu verderben».

So plastisch bekommt man dergleichen in Schillers eigenem Drama nicht zu hören: Über Wallensteins Tod als Folge von Verrat und Verblendung, über die Abgründe dieser Seele darf Schiller seine Bühnenfigur nicht halb so hintersinnig reden lassen, wie er darüber schreibt; was die Gestalten nicht äußern, was der Dichter ihnen nicht halbwegs glaubhaft in den Mund legen kann, hat ja im Theater keinen Platz.

Lesen also! Natürlich, es eilt nicht. Zu Schillers 250. Geburtstag am 11. November 2009 haben wir ja einiges über ihn gelesen, und bis zum 250. Todestag anno 2055 wird eben wieder geschwiegen.

60

Die Sprachpolizei geht um

Was sind unsere Mitbürger *mit Migrationshintergrund* und solche *mit Mobilitätseinschränkung?* Sprachlich gesehen, sind sie Produkte einer Gesinnung, die im letzten Drittel des 20. Jahrhunderts von Linksliberalen, Feministinnen, Homosexuellen und Schwarzen zunächst in den USA durchgesetzt wurde und sich als «Political Correctness» in den deutschen Sprachraum vorgearbeitet hat. Ihre Anhänger handeln in der Überzeugung, dass Benennungen immer auch Werturteile sind, aus denen Handlungen folgen können.

Das ist ja richtig – nur: Wie war das mit den «Schwarzen»? Bis gegen Ende der sechziger Jahre galt dies als Schimpfwort für jene Amerikaner, die damals korrekt Farbige oder Neger hießen. Dann stülpte die Bewegung *Black Power* die Bewertung um. Das war eine kühne Tat und ihr gutes Recht – wie einst bei den evangelischen Christen, als sie sich den Vorwurf «Protestanten» erhobenen Hauptes zu eigen machten. Doch einen schlimmen Nachteil hat diese Kühnheit auch: Die Schwarzen sind natürlich so wenig schwarz, wie die Europäer mit ihren unzähligen Mischfarben Weiße zu heißen verdienen.

Die Umwertung blies also einer rassistischen Unterscheidung europäischer Herrenmenschen des 19. Jahrhunderts («die gelbe Gefahr!») neues Leben ein. So ist es wohl ein Fortschritt, dass die Schwarzen sich mehr und mehr Afroamerikaner nennen; nur dass die hellhäutigen Bewohner Nordafrikas es sich verbitten, zusammen mit den dunkelhäutigen im Süden unter den Oberbegriff «Afrikaner» geschoben zu werden.

Auch sie haben ja recht, die Indianer in den USA, dass sie nicht länger *American Indians* heißen wollen – so bisher die regierungsamtliche Bezeichnung und das Stichwort im Lexikon, da Indian ohne den Zusatz American auf Englisch sowohl Indianer wie Inder bedeutet; die Behauptung des Kolumbus, dass er in Indien gelandet sei, ist da auf noch verwirrendere Weise als im Deutschen konserviert. *Native Americans* wollen die Indianer sein, in Amerika Geborene also. Doch der Sprachkritiker der «New York Times» hat dagegen bereits eingewandt, das sei eine Diskriminierung der meisten weißen Bürger der USA, die schließlich ebenfalls in Amerika geboren seien.

Glatte Lösungen gibt es eben nicht, wo immer die Sprache mit Menschenrechten und Leidenschaften zusammenstößt. Und der löbliche Wunsch, niemanden durch fahrlässige oder gar mutwillige Wortwahl zu kränken, produziert immer Umständlichkeit, oft Lächerlichkeit und, zumal in jüngster Zeit in Amerikas Universitäten, eine Art Tugendterror, der den Irrsinn streift. In einer Übersetzung des Andersen-Märchens von der kleinen Meerjungfrau wurde aus der Beschreibung ihrer zarten Arme das Wort «weiß» gestrichen, weil es eine rassistische Anspielung sei; als solche gilt an manchen Universitäten auch der historische Begriff «schwarze Magie».

Gewiss, Witze zu Lasten ethnischer Minderheiten können bedenklich sein. Doch wie steht es mit jenen vielen Juden, die sich in ihren Witzen mit Vergnügen selbst verspotten? Und wie viel harmloser Spaß ginge verloren, wenn die Amerikaner nicht mehr über die Iren, die Deutschen über die Ostfriesen, die Schweizer über die Appenzeller witzeln dürften? Russell Baker, Satiriker der «New York Times», nannte unter den

Gründen, warum er nicht Richter am Obersten Gerichtshof werden könnte, den: «Viele Jahre lang habe ich schamlos über Tausende von ethnischen Witzen gelacht und fünf oder sechs davon richtig komisch gefunden.» Die Political Correctness sei der jüngste Ausfluss der puritanischen Gesinnung, dass Freiheit nicht so viel zähle wie Entrüstung.

Das Nachrichtenmagazin «Time» hat ironisch vorgeschlagen, das Schlagwort der Französischen Revolution nachträglich in «Freiheit, Gleichheit, Schwesterlichkeit» umzuwandeln. Dagegen meinten zwei deutsche Sprachwissenschaftlerinnen es ganz ernst, als sie, vom Magistrat der Stadt Frankfurt am Main mit der feministischen Durchleuchtung der Amtssprache beauftragt, die grammatische Tücke beklagten, die uns nötige, «Wer rastet, *der* rostet» zu sagen oder «Wer zu spät kommt, *den* bestraft das Leben» (als ob Frauen nicht ebenfalls rosten oder sich verspäten könnten).

Längst haben die Fanatiker der sprachlichen Korrektheit eine ebenso eifernde Gegenbewegung ins Leben gerufen. Der amerikanische Historiker Arthur Schlesinger spricht von der Zerschlagung der USA in selbstgerechte Minderheiten, der Kunstkritiker Robert Hughes von der drohenden «Balkanisierung» Amerikas. Umberto Eco zog gar eine Parallele zum Wüten der Roten Brigaden während der chinesischen Kulturrevolution.

Ja, den Wortführern der politischen Korrektheit ist es gelungen, ein ursprünglich humanes Anliegen zu pervertieren. Die Sprache haben sie zur Magd ihrer Maßlosigkeit gemacht – wo sie doch nur bei viel Augenmaß und ein bisschen Augenzwinkern blühen kann. Ein geeignetes Instrument, totale Gerechtigkeit herbeizuführen oder auch nur auszudrücken, ist sie nie gewesen und kann sie nicht sein. Der Stuttgarter Oberbürgermeister Rommel sagte einst zu einem anderen

Versuch der Sprachlenkung: «Es gibt im heutigen Sprachgebrauch kein Unkraut und kein Ungeziefer mehr, bloß noch Wildkräuter und Natur. Aber wenn die Natur in der Speisekammer stattfindet und auf der Butter herumläuft, ist es auch nicht das Wahre.»

61

Weltschmerz und Leberwurst

Die Möglichkeit des Deutschen, Hauptwörter zusammenzusetzen wie Tischtuch oder Hustensaft, ist erstens ein Sumpf und zweitens ein Segen, ja für gebildete Ausländer ein Gegenstand des Neides.

Es ist ein Sumpf, weil die Logik dabei vollständig unter die Räder kommt. Der *Juwelendieb* stiehlt Juwelen; der *Taschendieb* stiehlt nicht Taschen, sondern den Inhalt von Taschen; der *Hoteldieb* stiehlt weder Hotels noch den Inhalt von Hotels, sondern er stiehlt in Hotelzimmern, zum Beispiel Juwelen; der *Strauchdieb* stiehlt weder Sträucher noch den Inhalt von Sträuchern, noch Juwelen aus Sträuchern, sondern er liegt hinter dem Strauch auf der Lauer, um zu stehlen; der *Meisterdieb* schließlich stiehlt weder Meister noch den Inhalt von Meistern, noch lauert er hinter einem Meister, sondern er *ist* ein Meister im Stehlen, zum Beispiel von Juwelen.

Jeder Zusammenhang ist also möglich, keiner ist eindeutig. Wir müssen einfach *lernen*, dass ein Kind nicht im *Kindbett* liegen kann, weil in dem die Mutter liegt, sondern nur im *Kinderbett*, auch wenn es allein ist. Wer eine neue Zusammensetzung prägt wie Sigmund Freud die *Trauerarbeit*, der nimmt in Kauf, dass man darunter Handarbeit im Trauerjahr verstehen könnte, obwohl Freud die seelische Verarbeitung des Schmerzes meint.

Wenn der akademisch-bürokratische Schwulst sich ihrer bemächtigt, führt die Hauptwortkoppelung erst recht in den

Morast: all die Witterungsabläufe, Innovationspotenziale und Motivationsstrukturen, in die unsere Wissenschaftler verliebt sind.

Und ein Segen sind die Zusammensetzungen auch. Sie sind praktisch: *Hausschlüssel* gegen *chiave di casa*, *Machtwort* gegen *parole énergique*. Sie verhelfen uns zu Unterscheidungen, an denen die romanischen Sprachen scheitern: Ein *Sportzentrum* wird keineswegs nur von sportlichen Menschen genutzt, es lässt unsportliche Zuschauer zu – während das *centre sportif* die Sportlichkeit in das Zentrum selbst verlagert. Wortverbindungen sind saftig wie *Leberwurst* und *Nervenkitzel*, und jeder darf da nach Herzenslust verkuppeln, was noch nie verbunden war: Christoph Martin Wieland tadelte an Schillers «Räubern» die seltsame *Hirnwut*, die man jetzt für Genie halte, Heine nannte seine Frau seinen *Hausvesuv*, und der klingt griffiger und speit feuriger, als wenn man dem Vulkan ein «du ménage» oder «de famille» beigesellen müsste.

So haben denn andere Völker, vor allem die englischsprachigen, aber auch die Franzosen, viele Zusammensetzungen aus dem deutschen Sprachraum importiert, und fast nur diese Art von Wörtern: *leberwurst* und *kindergarten*, *kaffeeklatsch* und *leitmotiv*, und in der Encyclopaedia Britannica hat Aristoteles 347 v. Chr. «his *wanderjahre*» begonnen. Der Import hält an: the *ostpolitik*, le *waldsterben*, the *vergangenheitsbewältigung* sind dazugekommen, Boris Becker war le *wunderkind*. «*The Sackgasse*» taugte für eine Überschrift im englischen «Economist» und «*The Realpolitik*» im «Wall Street Journal».

Das Praktische und das Saftige aber sind noch nicht einmal die größten Vorzüge solcher Wortverbindungen. Ihre ganze Ausdruckskraft erreichen sie erst dort, wo wir durch das Zusammenspannen des Widersprüchlichen einen Zwiespalt benennen können wie keine andere Sprache: *Hassliebe, Freu-*

dentränen, Angstlust, Wonneschauer. Ist es ein Widerstreit aufeinanderprallender Gefühle? Oder sollte da nicht so sehr ein Zwist der Gefühle vorliegen als vielmehr ein Streit zwischen zwei Namen für ein Mischgefühl, das wir nicht anders als mit einem solchen Gegensatzpaar benennen können? «Vermissen und verschlingen sich» Freude und Schmerz in der Liebe, wie Friedrich Schlegel schreibt, oder könnte es sein, dass wir zwei *Wörter* wie «Freude» und «Schmerz» vermischen müssen, um eine vielleicht gänzlich unvermischte Empfindung sprachlich einzukreisen? So oder so: Keine andere Grammatik bietet dem psychologischen Zugriff ein vergleichbares Instrumentarium an.

Da sollte man noch kurz bei den beiden größten psychologischen Treffern des Deutschen verweilen, dem Weltschmerz und der Schadenfreude. *Malicious joy, joie maligne* bieten die Wörterbücher als Übersetzung für diese Art von Freude an – eine bösartige Freude also, gewiss, doch dass sie durch den Schaden eines anderen entsteht, bleibt unerwähnt. Das Oxford Dictionary setzt folglich hinzu: «malicious joy at another's misfortune». Nun ist es korrekt – aber eine Definition und kein Bestandteil lebendiger Sprache.

Den *Weltschmerz* hat Jean Paul 1823 geprägt, Thomas Mann hat ihn mit «Lebenswehmut» gleichgesetzt (also einer anderen Wortkoppelung); die portugiesische *saudade* kommt dem Weltschmerz nahe, *ennui* ist in ihm enthalten, die Langeweile mit dem Beigeschmack von Lebensüberdruss, bei Baudelaire «fruit de la morne incuriosité». Keines dieser Wörter aber erreicht die empfindsame Schattierung und die internationale Geltung, die den «Weltschmerz» kennzeichnen. Ja, alles an ihm ist unbestimmt, auch das Scherzwort «Weltschmerz ist eine Krankheit für Privatpatienten» definiert ihn nicht. Doch mit den präzisen Begriffen kommen wir nicht aus, wenn wir unseren uralten Wortvorrat an eine sich ständig verändernde Welt anpassen, wenn wir auch das Zwielichtige, Irisierende, das Halbgeahnte benennbar machen wollen. Da helfen uns die Wörter mit der wabernden Aura, die vieldeutig verknüpften, der deutschsprachige Beitrag zur Sprache der Welt.

62

Die Wahrheit
über die iv-Sprache

Nur akustisch hatte Yves Saint Laurent mit jenem *iv* zu tun, das wir als Abzeichen modischen Sprechens und Schreibens würdigen sollten: Es verbindet das Kreative interaktiv mit dem Innovativen, doch ohne das Kommunikative wäre alles nichts.

Es waren die Werbeagenturen, die ein Wort über den deutschen Sprachraum ausstreuten, das der Duden noch 1966 als «veraltet» eingestuft hatte: *Kreativität*. Die Werber mit den verkäuflichen Ideen putzten sich zu «Kreativen» auf, mit einem «Creative Director» an der Spitze, dem schöpferischen Direktor – nicht zu viel für jemanden, dem ein Spruch wie «Nicht sauber, sondern rein» eingefallen war; und da *natural history* nicht natürliche Geschichte, sondern Naturgeschichte heißt, sollten wir in diesem Menschen nicht so sehr einen schöpferischen Direktor als vielmehr eine Art Direktor der Schöpfung sehen. Wie schön für ihn.

Schöpfer, Erschaffer, Urheber, Erzeuger – das ist der *creator* im Englischen wie in den romanischen Sprachen: einer, der etwas in die Welt setzt. Also sind Eltern in höherem Grade *creators* als Werbetexter; die meinen ja gar nicht Schöpfertum, sondern den Umstand, dass sie hoffentlich Einfälle haben, Ideen, *Phantasie*. Die drei Silben dieses farbigen griechischen Wortes, das schon im 14. Jahrhundert ein deutsches wurde, werden nun von der «Kreativität» überrollt, denn sie spreizt sich in fünf Silben, kommt direkt aus New York und lässt sich falsch verwenden – die idealen Voraussetzungen für die Geburt eines Modeworts.

Wenn eine Zeitschrift, die früher eine Bastel-Ecke hatte, heute einen «Kreativ-Teil» anbietet, so hat sie ihren Tribut an die Mode immer noch im Rahmen der Sprachvernunft entrichtet, denn Bastler bringen ja etwas hervor. Was aber wäre das «kreative Amerika-Erlebnis», mit dem ein Reiseveranstalter lockt? Und was eigentlich sollen wir tun, wenn eine Polstermöbelfirma uns «Lust auf kreatives Wippen» machen will? Und welcher Spielraum bleibt uns, wenn ein Computerhersteller uns verspricht: «200 Symbole lassen Ihrer Kreativität freien Raum»? Da geht es weder um Schöpferkraft noch um Phantasie; da geht es um gar nichts – dies aber auf pompöse Weise. Hohlprosa, aus Amerika importiert, um Produkte zu verkaufen, die vielleicht nicht einmal innovativ sind.

Wozu man freilich wissen müsste, was «innovativ» bedeuten soll. Das Adjektiv leitet sich von der *Innovation* her, die zuerst Ende der sechziger Jahre in deutschen Wörterbüchern auftauchte, als Synonym für «Neuerung» und mithin leicht entbehrlich. Doch lugt aus der Neuerung die Silbe «neu» so dreist hervor, dass man an eine durchschlagende Verbesserung, ja eine bahnbrechende Erfindung denken könnte. Wie nun, wenn ein Produzent sein altes Gerät nur mit zwei neuen Knöpfen und einer bunteren Verpackung versehen hat? Dann ist es «innovativ» – neu also in einem Grade, den auf Deutsch klarzustellen er sich genieren würde.

Bezeichnet sich ein ganzes Unternehmen als innovativ (und nichts liest man häufiger), dann ist es also, zu unser aller Überraschung, auf Neuerungen eingestellt. Wenn aber eine Versicherung mit «innovativen Tarifen» wirbt, hat sie die Mode überreizt: Jeder liest da heraus, dass er offenbar mehr blechen soll.

Ob er nun draufzahlt oder kündigt: *Interaktiv* handelt er in jedem Fall. Nur würde er das nicht so nennen: Denn dieses iv-Wort haben die Fernseh- und Computer-Experten gepachtet. Betrugsversuche wie das Innovative enthält es nicht, auch schief verwendet wie das Kreative wird es nicht – ein Modewort von der harmloseren Sorte also, indessen immer noch mit dem Anspruch auftretend, dass es in einschlägigen Texten aufzutauchen habe und etwas Neues sage. Nicht doch – interaktiv ist jede Theateraufführung seit Jahrtausenden. Wenn das Publikum den Komödianten das Gelächter verweigert, verändert sich ihr Spiel; und nun kann ich also per Computer Pizza ordern, falls es mir ein Anliegen ist, interaktiv zu sein.

Dies umso eher, je *kommunikativer* ich bin. Womit wir bei jenem iv-Wort wären, das den Innovationsgehalt null besitzt. Natürlich haben sich unsere Ahnen am steinzeitlichen Lagerfeuer extrem kommunikativ verhalten – doch welcher Kreativität der Kommunikationswissenschaft bedurfte es, um ihr Palaver mit dieser fünfsilbigen Missgeburt zu schänden! Was geschieht nun gar, wenn ein deutscher Großverlag ans Ende einer Tagung «ein kommunikatives Get Together» stellt, wie es auf Bütten heißt? Man steht also noch zusammen, ein Glas in der Hand, und zweierlei wüsste man gar nicht ohne diesen sprachlichen Höhenflug: dass man wirklich *together* ist und dass man dabei tunlichst nicht in feindseligem Schweigen verharren sollte; das wäre ja ein unverzeihlicher Mangel an Interaktivität.

Wunder der Sprache! Ein kleines kreatives Wippen, und schon perlen ihnen die modischen Silben von den Lippen, geeignet, uns übers Ohr zu hauen oder auf bombastische Weise *nichts* zu sagen. Wörter, die Gedanken weder voraussetzen noch nach sich ziehen; die ewige Wiederkehr des Gleichen, von Nietzsche ersonnen und in der iv-Sprache praktiziert.

63

Wer schaut wem aufs Maul?

Als Luther dem Volk aufs Maul schaute, sprach das Volk anders als heute. Ein Schreiber, der jetzt noch auf Mäuler schauen wollte, müsste eine sehr kritische Auswahl unter ihnen treffen; und dass man dem Volk nach dem Maul *schreiben* sollte, hat auch Luther nie behauptet.

Wie reden sie heute, die Leute? Gesprächsfetzen aus einer großstädtischen Grünanlage: «Das gilt natürlich vor allem für den irrationalen und emotiven Bereich.» Ein dreizehnjähriger Schüler ins Mikrophon: «Wir haben uns mit den Problematiken der Luftverschmutzung befasst.» Ein Fußballtorwart im Fernsehinterview: «Darüber wird zu gegebener Zeit im Kreis der Mannschaft noch zu sprechen sein.»

So reden sie, immer mehr Leute, wenn sie nicht gerade fäkalisch reden. Sie haben zu viele schlechte Bücher gelesen, zu viele behördliche Rundschreiben empfangen, zu vielen Wahlreden gelauscht, zu viel Soziologie studiert und zu viel mit Computern gespielt – und so ist es schlechtes Schriftdeutsch, das ihnen aus dem Munde schwappt. Wie aber sollten Redensarten, die ihr bisschen Leben aus raschelndem Papier beziehen, zum Vorbild dafür taugen, wie man schreiben sollte? Was Lessing und Goethe fast gleichlautend ihren Schwestern rieten – «Schreibe, wie du redest, so schreibst du schön!» –, ist heute falsch.

Doch ganz richtig war es nie. Neben den Nachteilen hatte die geschriebene Sprache schon immer ihre Vorzüge. Der Schreiber bringt seine Sätze richtig zu Ende – welcher Sprecher tut das schon! Der Schreiber hat Zeit, um Klarheit zu ringen, nur das Endprodukt seiner Mühen bekommen wir zu lesen – und das ist fast immer besser als das Gestammel, zu dem die meisten in spontaner Rede neigen, jedenfalls wenn es sich um einen komplizierten Vorgang handelt; man höre sich nur einmal den Zeugen an, der vor Gericht den Hergang eines Verkehrsunfalls schildern soll.

Gute Schreiber nehmen sich überdies die Zeit, treffende Wörter und Bilder zu suchen. Hätte irgendjemand aus dem Stegreif formulieren können, was Paulus, der noch dazu ein schwacher Redner war, an die Korinther *schrieb*? «Wenn ich mit Menschen- und mit Engelszungen redete und hätte der Liebe nicht, so wäre ich ein tönend Erz oder eine klingende Schelle.» So viel Saft, Kraft und Kürze sind erst mit der Schrift in die Welt gekommen: Wir besäßen weder Schlagworte noch die Lyrik, hätte nicht einst der Zwang, Wörter in Holz zu schnitzen oder in Stein zu meißeln, dem Geschnatter und Geschwätz der schriftlosen Horde dramatisch entgegengearbeitet – mit der Bibel als einem der großartigsten Endprodukte.

Und natürlich sah Luther nicht nur dem Volk aufs Maul, sondern auch dem Apostel auf die Schrift; Übersetzungen in andere Sprachen zeigen ja, wie die Kraft des Paulus überall durchschlägt: «Si je n'ai pas la charité, je suis un airain qui résonne, ou une cymbale qui retentit.» Als Luther dann noch die verfeinerte Kultur der sächsischen Hof- und Kanzleisprache dem Volk entgegentrug – da konnte er so schreiben, dass das Volk *ihm* aufs Maul schaute.

Nicht zuletzt deshalb freilich, weil er verstanden werden, weil er wirken *wollte*, weil er das Ohr des Volkes suchte. Und das ist das Problem, das die meisten Schreiber nicht erkennen oder nicht zu lösen vermögen: einen guten Text so zu schreiben, dass er wie gesprochen ins Ohr geht – dahin also, wo wir auch beim stummen Lesen die optischen Symbole der Schrift in die Laute der Sprache zurückübersetzen. Von der Alltagsrede abgehoben darf, ja soll der geschriebene Text durchaus sein – nicht so geschrieben, wie die Leute sprechen, sondern so, wie sie gern sprechen würden; sie lieben ja auch Reime, die sie selbst nie produzieren könnten.

Nur rascheln dürfen die Worte nicht. Das Geräusch von Papier, der Geruch von schlechtgelüfteten Behörden beraubt die Sprache aller Kraft – und noch mehr die Positur, in die sich so viele setzen, sobald sie zu schreiben beginnen: erhabene Sätze für den Lateinlehrer oder für die Ewigkeit.

Es gibt zwei schlichte Methoden, dieser Versuchung entgegenzuwirken. Die eine: Man stelle sich beim Schreiben vor, dies alles *erzähle* man seiner Großmutter oder einer anderen Person, die nicht Soziologie studiert hat; und den fertigen Text prüfe man noch einmal darauf und tilge alle Witterungsbedingungen, wenn man doch Wetter sagen würde; alle Problemlösungsaktivitäten, wenn es mündlich hieße, dass ein Problem zu lösen, eine Aufgabe anzupacken ist.

Die zweite, die ergänzende Methode: Man lese *laut*, was man geschrieben hat. Dann entfalten sich die Kompetenzdefizite in ihrer ganzen Scheußlichkeit und erweisen sich als Wissenslücken, und schmerzlich krümmt sich das Trommelfell, wenn es eine Passage hören muss wie diese aus der «Zeit»: «Ist dieser Streit entscheidbar? Er ist es! Dass er es erst jetzt, erst so spät – Wittgenstein ist fast vierzig Jahre tot – ist, gehört zu den ärgerlichsten Kapiteln.» Ändern, was nach Reibeisen klingt oder nach Styropor! Wer maulfaul ist, findet keine Ohren, und es geschieht ihm recht.

64

Wie Schreiber Leser prügeln können

Was ist das, «Erinnerungskultur»? Wer es nicht weiß, muss nicht verzagen: Nicht einmal der zehnbändige Duden von 1999 wusste es. Dem neuen Brockhaus in 30 Bänden aber ist der Begriff plötzlich drei volle Seiten wert. Die Einladung, das alles zu lesen, wird den Benutzern deutscher Muttersprache mit folgendem kostbaren Satz unterbreitet – einem «Satz»? Ach nein: eher einer Pirouette des Irrsinns auf dem Hochseil makelloser Grammatik.

«Erinnerungskultur: Begriff der Kulturwissenschaften, der sich» (es folgt ein Nebensatz von 67 Wörtern – spannen Sie also Ihr Kurzzeitgedächtnis aufs äußerste an und lassen Sie trotzdem alle Hoffnung fahren), «**der sich** *vor dem Hintergrund* einer sich bereits seit den 1980er Jahren abzeichnenden ‹kulturwissenschaftlichen› Wende in den Human- und Geisteswissenschaften (‹cultural turn›) und *im Anschluss an* die Arbeiten von J. und Aleida Assmann zu einem Schlüsselbegriff der politischen und kulturellen Diskussionen um die Funktion von kulturellen Mustern der Erinnerung sowie die Bedeutung von Gedächtnis und Erinnerung *im Hinblick auf* die Ausbildung und Reflexion von Identität **entwickelt hat.**»

Irgendwas hat sich da also entwickelt, «vor dem Hintergrund», auch «im Anschluss an» und «im Hinblick auf», *vor, seit, in, im, an* entwickelt und mit sieben weiteren Präpositionen, darunter viermal *von* – kurz: Der Autor hat uns in eine Schatztruhe des

Wissens geworfen und uns eingeladen, in den 67 hineingestopften Wörtern selbständig nach Sinn und Zusammenhang zu fahnden, am besten durch Einpassung runder, spitzer und eckiger Klammern. Dieses Buch hilft dabei durch die Fettung des Subjekts *(der)* und des Prädikats *(sich entwickelt hat)* – eine Höflichkeit, die dem Brockhaus nicht unterlaufen und im Druckgewerbe in der Tat nicht üblich ist.

Die beiden Säulen des Satzes vorab durch Fettung kenntlich zu machen, wäre umso dringlicher gewesen, als sich zwischen ihnen ja ein Baldachin von nicht weniger als 63 Wörtern spannt: *Was* hat der Begriff getan? Aha, entwickelt hat er sich. Lassen sich die 63 Wörter irgendwie zuordnen, ehe das Prädikat sein Köpfchen aus dem Wortsumpf reckt? Nein. Oder gibt es irgendeinen Menschen, der imstande wäre, die 63 Wörter aus seinem Kurzzeitgedächtnis abzurufen, nachdem die beiden letzten Wörter ihm den Sinn des Satzes entschlüsselt haben? Wieder nein. Simultandolmetscher bringen es, nach eigener Einschätzung, auf zehn bis zwölf Wörter (und können folglich 51 Wörter dieses Satzgebildes nie in eine Fremdsprache übertragen, falls sie sich nicht mit Hilfe eines Manuskripts haben vorbereiten können).

Der Durchschnittsleser, nicht trainiert und nicht auf kalten Schweiß erpicht, schafft sechs Wörter – die zwanzig Jahre alte Einsicht einer exakten Wissenschaft, die von niemandem bestritten, nur von schrecklich vielen Berufsschreibern ignoriert wird. Sechs Wörter zwischen *der* und sich *entwickelt hat* und alles andere danach: Nur so darf einer schreiben, der gelesen und verstanden werden will. «Die Probe der Güte ist, dass man nicht zurückzulesen hat», schrieb Jean Paul 1804.

Natürlich hat jeder die Freiheit, dieses Grundgesetz der Verständlichkeit zu zerbrechen – vorausgesetzt, er fühlt sich stark genug, ein Stück Weltliteratur zu produzieren. Falls ihm das aber nicht gelingt, hat er sich lächerlich gemacht, und falls das Informieren seine Absicht oder sein Auftrag war, hat er sich abstrus und provokant verhalten.

Warum schreiben sie so? Offenbar aus Bewunderung für die eigene grammatische Finesse und in arroganter Gleichgültigkeit gegenüber allen Lesern. *Eine* Art von Höflichkeit freilich wäre auch an diesem Satz zu rühmen – er gibt mit schöner Klarheit das Signal: Den Rest der drei Seiten, lieber Leser, kannst du dir schenken.

«Wenn kein Sinn drin ist», spricht der König in «Alice im Wunderland» nach der Lektüre eines unsinnigen Gedichts, «so erspart uns das eine Menge Arbeit: Denn dann brauchen wir auch keinen zu suchen.»

65

Kunstwerke zum Mitnehmen

Dies ist ein merkwürdiger Rat. Er gilt Kindern wie Erwachsenen und lautet: Gedichte auswendig lernen! Ja, es regiert die Sitte, Schülern etwas derart Altmodisches und Mühseliges nicht mehr zuzumuten, und überhaupt gilt sie weithin als vorgestrig, die klassische Lyrik. Aber mit einer solchen Haltung werden Chancen verspielt.

Zunächst: Texte auswendig lernen, egal von welcher Art, schult das Gedächtnis. Es ist ein Organ, das trainiert werden will. Ein Schauspieler prägt sich seine 100. Rolle leichter als seine erste ein, selbst wenn er viele der anderen 99 noch im Kopf hat; nicht Ballast sind sie, sondern ein Schmiermittel. Auch weiß jeder, der sich in einer Fremdsprache ausdrücken muss, wie gern er sich an auswendig gelernten Floskeln entlanghangelt und wie sehr ihm das halblaute Hersagen solcher Bruchstücke den Einstieg ins Gespräch erleichtert.

Gedichte nun haben gegenüber anderen Texten den Vorzug, viel rascher im Gedächtnis zu haften – dann jedenfalls, wenn sie nicht aus Prosa in künstlich gedrechseltem Zeilenfall bestehen, wie bei Bert Brecht und seinen Nachfolgern üblich, sondern sich zu Versmaß und Endreim zwingen; eine Kombination, die ja auch der Popularität der Bauernregeln zugute kommt («Ist's Silvester kalt und klar, folgt am nächsten Tag Neujahr»).

Trotz Rhythmus und Reim: Ein bisschen Mühe kostet das Auswendiglernen doch, und die Schulung des Gedächtnisses allein wäre kein ausreichendes Motiv dafür. Der merkwürdige Rat stützt sich aber auf zwei weitere ziemlich gute Gründe.

Der erste: Große Gedichte liefern großartige Sprachmodelle, das Beste also, woran wir unser inneres Ohr gewöhnen können; und diese Muster im Gehör zu haben, ohne sie lesen zu müssen, intensiviert ihren Einfluss dramatisch. Starke Rhythmen bieten sie an, wie C. F. Meyer (über die verwirrende Spiegelung fliegender Möwen im Meer): Und du selber? Bist du echt beflügelt? Oder nur gemalt und abgespiegelt? Gaukelst du im Kreis mit Fabeldingen? Oder hast du Blut in deinen Schwingen? Wie Schiller (über die Jungfrau): Drauf schießt die Sonne die Pfeile von Licht, sie vergolden sie nur und erwärmen sie nicht. Wie August von Platen (über das Glück): Auch kommt es nie, wir wünschen bloß und wagen; dem Schläfer fällt es nimmermehr vom Dache, und auch der Läufer wird es nicht erjagen.

Und wie sie uns das Sperrige mit leichter Hand kredenzen: Der König sprach's, der Page lief, der Knabe kam, der König rief. Lasst mir herein den Alten! (Goethe). Freundschaft, Liebe, Stein der Weisen, diese dreie hört ich preisen, und ich pries und suchte sie, aber ach, ich fand sie nie! (Heine). Wie viel tänzerische Eleganz in wie beiläufigen Wörtern, und wie schlicht der Bau der Sätze! Zum Erschrecken geradezu für all jene Professoren und Bürokraten, die sich der Vielsilbigkeit und der Verschachtelung verschrieben haben.

Wo in ebenso simplen Wörtern starke Stimmungen eingefangen sind, da erreicht die Poesie ihre Spitze. Über allen Gipfeln ist Ruh, kraftvoller und zugleich bescheidener lässt sich das nicht sagen. Der Wald steht schwarz und schweiget (bei Matthias Claudius). Mond! Mond! Wie die Wellen kühlen, wie die Winde wühlen in den dunklen Mähnen der Nacht! (Clemens von Brentano). Und Eichendorff: … wenn die Brunnen verschlafen rauschen in der prächtigen Sommernacht.

Andrerseits kommt kaum ein Witz je mit so wenigen Wörtern aus wie die gereimten Sottisen von Wilhelm Busch (Es ist ein Brauch von alters her: Wer Sorgen hat, hat auch Likör) oder von dem im englischen Sprachraum populären Amerikaner Ogden Nash: God in His wisdom made the fly, and then forgot to tell us why.

All dies an zugespitzter Bosheit, Weisheit, Schönheit und Kraft, hier mit Beispielen zur Anregung vorgestellt und schließlich von jedem selbst auszuwählen – all dies bietet sich dem, der es auswendig beherrscht, mit einem Vorteil an, der das Gedicht über alle anderen Künste hinaushebt: Das Kunstwerk selbst ist in meinem Besitz, wo immer ich gehe, sitze, liege, warten muss. Um mich an Literatur zu freuen, brauche ich Bücher oder Theatersäle, um Musik zu genießen, ein Orchester, ein Instrument oder eine Schallplatte, um Gemälde zu sehen, den Raum, in dem sie hängen. Abziehbilder kann ich mir davon verschaffen, indem ich Kunstbände betrachte, Melodien vor mich hin summe, in Erinnerungen schwelge; doch unvermeidlich bleiben sie weit hinter dem Ursprungserlebnis zurück – ein bloßes «Wenn ich doch …!» oder «Man müsste mal wieder …»

Das Gedicht ist immer präsent, ohne Buch, Saal, Apparat und Interpreten. Ich lasse es in mir erklingen, damit sein Schwung mich erfreut, sein Inhalt mich tröstet, seine Stimmung mich trifft. Vielleicht sitze ich abends beim Wein und frage mich mit Heine: Nur wissen möcht ich, wenn wir sterben, wohin dann unsere Seele geht? Wo ist das Feuer, das erloschen? Wo ist der Wind, der schon verweht? Oder ich fröstle mit Hölderlin: Die Mauern stehen sprachlos und kalt, im Winde klirren die Fahnen.

66

Listige Worte in der Neujahrsnacht

Einmal im Jahr häufen sich die guten Wünsche für die Feiertage und die guten Vorsätze fürs neue Jahr. Voll der Güte werden unsere Worte sein – und wieder einmal viel gütiger als das raue Leben. Das legt die Frage nahe: Wie überhaupt verhalten sich die Worte zur Wirklichkeit? Beschreibt die Sprache die Realität, nimmt sie sie vorweg, tritt sie an ihre Stelle? Im Verhältnis zwischen den Worten und der wahren Welt lassen sich fünf Grundmodelle unterscheiden.

1. Wir lieben es, *das, was ist, auch noch zu sagen.* Wenn alles vor Kälte klappert oder vor Hitze stöhnt, versichern wir einander millionenfach und bedeutungsschwer, wie kalt oder wie heiß es wieder einmal sei – eine der häufigsten Arten, Sprache zu verwenden.

2. Seltener betreiben, aber noch mehr lieben wir das Umgekehrte: *das, was nicht ist, wenigstens zu sagen.* Die Tischreden zur Silberhochzeit sind von dieser Art: Kein Gast würde einen Euro darauf wetten, dass die Ehe wirklich so verlief, wie sie hier dargestellt wird; doch die Reden wollen gehalten sein, und die mutmaßliche Diskrepanz zwischen der Wirklichkeit und den Worten stört uns nicht. Wie schrieb Shaw im Nachwort zu seinem Briefwechsel mit der Schauspielerin Ellen Terry? «Wer sich darüber beklagt, dass alles nur auf dem Papier stattfand, der halte sich vor Augen, dass die Menschheit es bisher nur auf dem Papier zu Ruhm, Schönheit, Wahrheit, Weisheit, Tugend und ewiger Liebe gebracht hat.»

3. Wir lieben es, *über das, was wir tun, etwas möglichst An-*

genehmes zu sagen. Es ist ja den meisten nicht gegeben, ihre wahren Motive zu ergründen; wer sie aber kennt, der hält es im Allgemeinen nicht für dringend, sie unter die Leute zu streuen. Wenn Politiker, Wirtschaftsführer, Ärzte uns versichern, sie verzehrten sich im Dienst an Wählern, Kunden und Patienten, so dürfen wir davon ausgehen, dass sie uns weder frontal belügen noch mit der vollen Wahrheit bedienen; sie sagen einfach etwas Angenehmes in lockerer Anlehnung an die Wirklichkeit. Die Werbung findet hier ihr Tummelfeld: «Umweltschonend» nennt sie Produkte, die die Umwelt zumeist viel besser schonen würden, wenn ihre Herstellung unterbliebe.

4. Wir finden es normal, sehr oft *das, was wir tun, nicht zu sagen*. Und das muss keine Verstellung sein, es ist vielmehr häufig ein Beitrag zu den guten Sitten. Kein Pfarrer kann sein Kind so sittsam zeugen, dass nicht Pornographie daraus würde, wenn man den Zeugungsakt beschriebe. «Wir haben die Damen gelehrt zu erröten», schrieb Montaigne, «wenn sie dasjenige bloß nennen hören, was sie sich nicht scheuen zu tun.» Und Goethe notierte 1797 in der Schweiz: «Betrachtung, dass der Mensch *die Rede* eigentlich für die höchste Handlung hält, so wie man vieles tun darf, was man nicht sagen soll.»

5. Schließlich lieben wir es, *das, was wir sagen, nicht zu tun* – womit wir wieder bei Silvester wären. Robert Musil hat dieses klassische Verhältnis zwischen Wort und Wirklichkeit in der Überschrift zu einem nachgelassenen Kapitel seines «Mannes ohne Eigenschaften» auf die Formel gebracht: «Warum die Menschen nicht gut, schön und wahrhaftig *sind*, sondern es lieber sein wollen.» Ihre Feiertagsgedanken drückten sie ebendeshalb aus, um dadurch des Handelns enthoben zu sein – wie der Raucher, der sich die Jahreswende mit dem Versprechen verschönt, nun wirklich aufzuhören. «*Sein* ist

schwieriger und wird deshalb gern durch Worte ersetzt», sagt C. G. Jung.

Ihm liefert Jeremias Gotthelf das perfekte Modell mit dem Wortritual zwischen zwei Berner Bäuerinnen. Da besucht eine ihre Nachbarin, und vor der Haustür einigen sie sich, «sie könnten ja drinnen einander sagen, was der Brauch sei», und was war der Brauch? Das angebotene Frühstück abzulehnen, denn das möge doch keiner glauben, «dass sie ungegessen aus dem Haus ginge». Wenn schon Kaffee, dann wenigstens keinen Zucker hinein, «und da warf ihr doch die Frau den Zucker in denselben». Warum die Nachbarin keine Küchli wolle – sie glaube wohl, die seien nicht fett genug? «Und nun erhob sich ein eigentlicher Streit»: Die Besucherin dreht die Tasse um – der Kaffee schmeckte ihr wohl nicht? Unter solchem Zeremoniell mästen sich die Weiber an einem Frühstück, «wie es Fürsten selten haben und keine Bauren auf der Welt als die Berner».

So aber verhält es sich nicht, dass aus den schönen Worten überhaupt nichts folgte. Oft genug wiederholt, kann das Aussprechen einer guten Absicht durchaus eine gewisse Wirkung nach sich ziehen. Schon Ovid hat diesen psychologischen Mechanismus in seiner «Liebeskunst» beschrieben: «Rede dir ein, dass du liebst, wo du flüchtig begehrtest. Glaube es dann selbst … Aufrichtig liebt, wem's gelang, sich selbst in Feuer zu reden.» In André Gides «Schule der Frauen» sagt ein Abbé: Die Hauptsache sei «nicht so sehr, zu sagen, was man denkt (denn oft denkt man sehr übel), sondern was man denken sollte; denn ganz natürlich, fast wider Willen, komme man dahin, zu denken, was man gesagt hat.»

Nun müsste man nur noch wissen, ob Gide oder Ovid dies ironisch gemeint haben. Aber wer wird schon so bohrend fragen.

Namen- und Sachregister

Wörter, die im Text analysiert werden, sind *kursiv* gesetzt

252

Bücher von Wolf Schneider

WÖRTER MACHEN LEUTE – Magie und Macht der Sprache
(Piper 1976, Serie Piper 1986, 17. Auflage **2009**)

DEUTSCH FÜR PROFIS – Handbuch der Journalistensprache
(STERN-Buch 1982, Goldmann-TB 1985, Mosaik-TB 1999,
29. Auflage **2008**)

DIE SIEGER – Wodurch Genies, Phantasten und Verbrecher
berühmt geworden sind (STERN-Buch 1992, Serie Piper 1996,
8. Auflage **2001**)

DAS NEUE HANDBUCH DES JOURNALISMUS (Rowohlt
1996, 11. Auflage **2009**, erweitert und aktualisiert), zusammen
mit Paul Josef Raue

GROSSE VERLIERER von Goliath bis Gorbatschow (Rowohlt
2004, Rowohlt-TB 2006, 7. Auflage **2008**)

WÖRTER WASCHEN – 26 gute Gründe, politischen Begriffen
zu misstrauen (NZZ-Verlag 2005, Rowohlt-TB 2006, 3. Auflage
2009)

DEUTSCH! Das Handbuch für attraktive Texte (Rowohlt 2005,
Rowohlt-TB 2007, 4. Auflage **2008**)

GLÜCK! Eine etwas andere Gebrauchsanweisung (Rowohlt 2007,
Rowohlt-TB **2008**)

SPEAK GERMAN! Warum Deutsch manchmal besser ist
(Rowohlt 2008, 9. Auflage **2009**)

DER MENSCH – eine Karriere (Rowohlt **2008**)